名鉄
名古屋本線

下巻（金山～名鉄岐阜）

1960年代～90年代の思い出アルバム

生田 誠 著

7000系の引退がささやかれ始めた頃、桜名所は人気の撮影ポイントになった。先頭に立つトップナンバーのモ7001は引退に際して極力1961（昭和36）年の登場時の姿に復元され、「Phoenix復活運転」と銘打った一度限りの本線走行で有終の美を飾った。現在は僚機のモ7002とともに舞木検査場の敷地内で保存され、その姿を見ることができる。
◎木曽川堤～笠松　2006（平成18）年4月6日　撮影：寺澤秀樹

Contents

2章 岐阜県区間

金山橋〜新名古屋間は名鉄線と国鉄線（東海道本線・中央本線）との3線が並行する区間で、名鉄車両はもちろんのこと国鉄車両との競演も見られた。この時は運よく7000系・3400系・113系が同じ画面に納まった。
◎金山橋〜ナゴヤ球場前　1982（昭和57）年7月　撮影：寺澤秀樹

名鉄名古屋本線の沿線案内図 （所蔵・文　生田 誠）

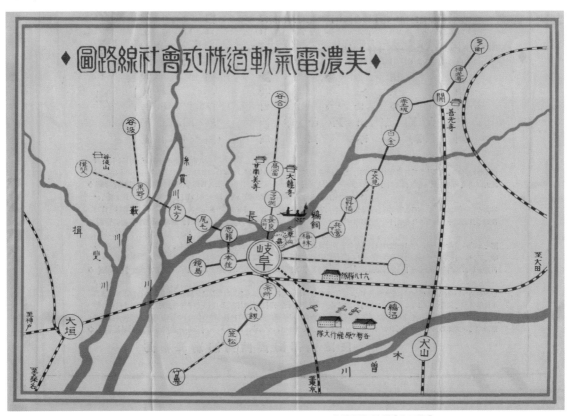

美濃電気軌道株式會社線路圖

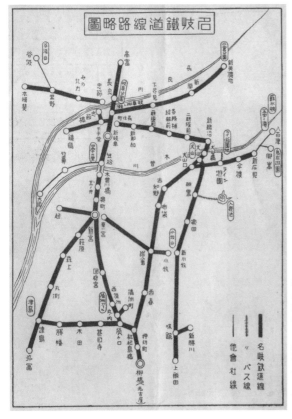

名岐鐵道鐵道線路略圖

美濃電気軌道【大正期】
1909（明治42）年に創立され、岐阜市を中心に路線を延ばしていた頃の美濃電気軌道の路線図である。名鉄名古屋線の前身となる笠松線は、1914（大正3）年に笠松（笠松口）駅まで開通している。1917（大正6）年には陸軍の各務原飛行場が開港したことで、岐阜方面と美濃町線の下芥見駅から当時の稲葉郡東南部（現・各務原市）に向かう路線も計画していた。

名岐鉄道沿線略図【昭和戦前期】
名古屋本線の前身である名岐線が開通する前の名岐鉄道の簡略な路線図であり、この当時の名古屋本線の一部は尾西線となっていた。この尾西線は新一宮（現・名鉄一宮）駅から奥町駅、玉ノ井を経て木曽川橋駅に至り、徒歩・バスで木曽川を渡って、笠松駅に連絡する形だった。この奥町〜木曽川橋（貨物駅）の木曽川港までの路線も）間は1944（昭和19）年に休止し、奥町〜玉ノ井間以外は営業再開できず、戦後に廃止となった

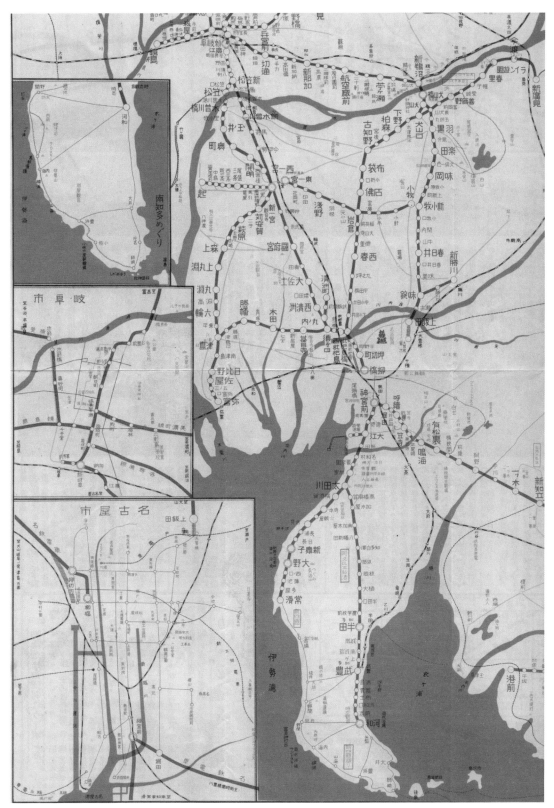

名古屋鉄道路線図【昭和戦前期】
名古屋、岐阜という2つの県庁所在地を中心に、中部地方に路線を張り巡らせていた名古屋鉄道の路線図で、名岐線はまだ新名古屋（現・名鉄名古屋）駅まで乗り入れていない。現在は廃止された起線、清洲線、名鉄岐阜市内線などが存在しており、尾西線は木曽川橋、木曽川港駅（貨物駅）まで延びている。現在は統合されて笠松駅と西笠松駅（竹鼻線）となっている笠松町内の駅として、新笠松（現・笠松）、東笠松（廃止）、笠松口（廃止）、笠松（現・西笠松）の4駅が存在していた。

6

名岐鉄道全線名勝名所鳥瞰図【昭和戦前期】

吉田初三郎が描いた名岐鉄道の沿線案内図である。1935（昭和10）年に開通した名岐線（現・名古屋本線）は新岐阜駅を起終点駅として、名古屋市内の押切町、柳橋駅まで延びているが、（新）名古屋駅への乗り入れを行う予定線も記されている。笠松〜一宮間には、現在の岐南駅の前身である境川駅とともに、下川手駅と八剣川駅が存在している。また、茶所〜広江間には安良田（昭和19年休止）、広江〜新岐阜間には加納（廃止日不明、昭和17年4月1日以前）が置かれていた。現在の大里駅は、改称前の大佐土駅と表記されている。

名鉄名古屋本線の沿線絵葉書 （所蔵・文　生田 誠）

愛知県庁【昭和戦前期】
現在の愛知県庁本庁舎は、1938（昭和13）年に完成し、地上6階（塔屋部分は7階）地下1階で、近代的建築の上に城郭風の屋根を載せた帝冠様式の建物となっている。2014（平成26）年には、国の重要文化財に指定されている

駅前通【明治後期】
明治後期、名古屋電気鉄道の路面電車が走る停車場前通（駅前通）の風景である。名古屋の路面電車（後の市電）は、1898（明治31）年に笹島〜県庁前間が開通した。この小型単車（SSA形）の一部（41、89号）は、後に桑名電軌に譲渡された。

**第三師団司令部
【大正期〜昭和戦前期】**
1873（明治6）年に名古屋鎮台として創設され、1888（明治21）年に第3師団となった陸軍の第3師団司令部、正門の風景である。名古屋城には、三之丸に司令部、騎兵、工兵らの兵舎、二之丸に歩兵第6連隊が置かれていた。

広小路通【昭和戦前期】
愛國生命ビルなどが建ち並ぶ名古屋のメインストリート、広小路通の風景である。愛國生命は太平洋戦争中に日本生命と合併している。近代的なビルの手前には、瓦屋根の日本家屋の商店もあり、有名な仁丹の看板を載せた広告などが見られる。

松坂屋【昭和戦前期】
名古屋を代表するデパート、松坂屋本店（現・名古屋店）の堂々たる姿である。1611（慶長16）年、本町で呉服小間物商として創業した、いとう呉服店は1925（大正14）年に南大津町に移転して、この新しいビルに生まれ変わった。

新名古屋駅のホーム
【昭和16年】
1941（昭和16）年に開業した新名古屋（現・名鉄名古屋）駅の地下ホームである。このとき、名岐線の起終点駅として開業した地下駅は島式、相対式ホームを組み合わせた2面3線の構造を備えていた。

**新名古屋駅の乗車階段
【昭和16年】**
このときに名鉄名岐線（西部線）の新駅として開業した新名古屋（現・名鉄名古屋）駅は、3年後の1944（昭和19）年に東西連絡線が開業し、豊橋線（東部線）の神宮前駅方面と結ばれることとなる。これは大理石で造られた豪華な乗車階段の姿である。

**新名古屋駅の改札口
【昭和16年】**
1941（昭和16）年に誕生した新名古屋（現・名鉄名古屋）駅の初代駅舎の改札口付近である。1945（昭和20）年の名古屋大空襲で被災し、その1年後（1946年）に漏電で全焼した初代駅舎の構内には、既に電光掲示板が備え付けられていた。

御園座【明治後期〜大正期】
堂々たる構えを示す名古屋を代表する近代的劇場、御園座の姿である。1896（明治29）年に柿（こけら）落しが行われ、東京から初代市川左團次一座が来演した。1935（昭和10）年に改築され、その後も戦災、火災などで現在まで再建を繰り返している。

中村公園【明治後期】
名古屋駅の西側に位置する中村公園は、豊国神社の拝殿、本殿を中心に整備された和風庭園、池などがあり、1901（明治34）年に開園した。隣接する常泉寺は、豊臣秀吉の生誕地といわれており、公園内には豊公誕生之地碑が建てられている。

名古屋駅（旧）【明治後期】
路面電車の停留場が設けられていた、初代名古屋駅の駅前風景である。奥には横長の平屋建ての木造駅舎があり、右側には跨線橋が設けられている。この駅は1886（明治19）年に開業、1937（昭和12）年に現在地に移転した。

名古屋城【昭和戦前期】
名古屋市のシンボル、金鯱を備えた名古屋城の空撮である。1945（昭和20）年の名古屋大空襲では、焼夷弾の直撃を受けて、大天守、小天守、本丸御殿などが焼失。戦後の1959（昭和34）年に天守、金鯱が復元された。本丸御殿は復元工事が進行中で一部が完成した。

一宮市街【昭和戦前期】
大勢の人々で賑わう、一宮市の三八市場の風景である。この三八市場とは、一宮市の真清田神社の門前で開催されていたもので、江戸時代の1727（享保12）年に尾張藩により許可されて始まった。現在、その名称は宮前三八市広場に受け継がれている。

稲沢町役場【昭和戦前期】
1889（明治22）年に誕生した稲沢町は、1958（昭和33）年に市制を施行して稲沢市が成立するまで、約70年間にわたって存在した。かつては、尾張国の国府が置かれていたこともある土地。これは昭和戦前期における、2階建ての町役場の姿である。

国府宮はだか祭り【昭和戦前期】
国府宮はだか祭りは、稲沢市の尾張大國霊神社で旧暦正月に行われてきた儺追（なおい）神事の通称。奈良時代の767（神護景雲元）年、称徳天皇の勅令により全国の国分寺で悪疫退散の祈祷として始まり、後に裸の寒参りの風習と結び付いて現在のような形となった。

清洲公園【大正～昭和戦前期】
現在、清須市内には五条川を挟んで、復元された清洲城と清洲公園、清洲古城跡公園が存在している。この清洲公園は1922（大正11）年に開園し、1999（平成11）年にリニューアルされた。園内には織田信長の銅像が建てられている。

清洲城址【明治後期～大正期】
清洲城は室町時代の1405（応永12）年に尾張・越前・遠江の守護を兼ねていた斯波義重により築城され、その後は織田信長の居城となるなど尾張の政治の中心地となってきた。江戸時代初期の名古屋遷府で廃城となり、現在は本丸土塁の一部が残っている。

尾張大國霊神社【昭和戦前期】
鳥瞰図の名手として有名な吉田初三郎が描いた、稲沢市の大國霊神社の境域改修、御造営計画の鳥瞰図である。名鉄の路線が赤い線で記されており、最寄り駅として国府宮駅が描かれている。右上には名古屋の市街地とともに豊橋、東京の文字も見える。

13

枇杷島陸橋【昭和10年】

この地域の陸上交通の大動脈だった国道12（現・国道22）号は、懸案だった枇杷島付近の渋滞などを解消するため、国の直轄改良工事として、奥に続く名古屋鉄道本線との立体交差化が行われた。この枇杷島陸橋は1935（昭和10）年に完成している。

笠松四季の里
【大正〜昭和戦前期】

戦前には笠松の名所として、後藤新兵衛が開いた料亭「四季の里」が存在し、後藤は俳人としても知られていた。現在、笠松中央公民館の庭にある芭蕉の句碑「草いろいろおのおの花の手柄かな」は、この四季の里から移設されたものである。

長良橋【大正期】

1915（大正4）年に完成した4代目の長良橋は、美濃電気軌道市内線（後の名鉄岐阜市内線）が走る鉄道供用橋だった。この当時の路面電車（鉄道）は単線だった。1954（昭和29）年に5代目長良橋が架橋されて、後に鉄道も移設される。

岐阜駅【大正期】
1913（大正2）年に現在地に移転した岐阜駅の駅前風景である。左に見える駅舎は1896（明治29）年に関西鉄道の愛知駅として建設されたもので、1909（明治42）年に廃止された後、派手な装飾をはずす形で移築されている。

岐阜県庁【昭和戦前期】
岐阜県の県庁は当初、笠松に置かれたがすぐに岐阜（当時は今泉村）に移ってきた。その後、1924（大正13）年、今小町交差点に近い司町に新しい県庁が誕生している。この県庁は1966（昭和41）年、現在地（薮田南）に新築、移転するまで使用されていた。

今小町通り【大正期】
路面電車が走る岐阜市今小町通で、現在、長良橋通りと県道152号が交わる今小町交差点付近と思われる。1911（明治44）年2月、美濃電気軌道（後の名鉄岐阜市内線）が最初に開通した路線は駅前〜今小町間で、10月に今小町〜本町間が延伸している。

新岐阜駅付近【昭和戦後期】
路面電車（名鉄岐阜市内線）が
走る岐阜市長住町付近であり、
右下には名鉄の新岐阜駅を示す
「名古屋豊橋方面のりば」の看
板が見える。左上には、1877（明
治10）年に第十六国立銀行とし
て設立された十六銀行の本店が
見える。

神田町通り【昭和戦前期】
路面電車が通り、多くの人が行
き交う神田町通りの風景で、右
手に丸物百貨店岐阜店がそびえ
たつ。柳ケ瀬通りにも面してい
た丸物百貨店は戦後、岐阜近鉄
百貨店となり、1999（平成11）
年に閉店した。現在は岐阜中日
ビルと変わっている。

**長良川の遊船乗り場
【昭和戦前期】**
春から秋にかけて、長良川の風
物詩として知られる鵜飼。篝火
を使って行われる鵜飼の鮎漁は
鵜匠が乗る鵜舟、客が乗る屋形
船（遊船）を使うもので、その屋
形船が碇泊している風景であ
る。奥に見えるのは1915（大正4）
年に架橋された先代の長良橋。

名和昆虫研究所【昭和戦前期】
ギフチョウの命名者として知られる昆虫学者、名和靖が1896（明治29）年に設立した名和昆虫研究所は、1904（明治37）年に岐阜公園内の現在地に移転し、1919（大正8）年に名和昆虫博物館を開館した。博物館の建物は建築家、武田五一の設計による。

柳ケ瀬【昭和戦前期】
現在はアーケード通りとなっている岐阜第一の繁華街、柳ケ瀬（通り）の賑わいで、右手には1930（昭和5）年に京都から進出した丸物百貨店のビルが見える。戦後、この柳ケ瀬を舞台にしたヒット曲「柳ケ瀬ブルース」が生まれ、全国的にも有名になった。

岐阜市街の俯瞰【昭和戦前期】
城下町の面影を残す県庁所在地、長良川を控えた岐阜市街地の俯瞰風景である。1889（明治22）年に市制を施行して誕生した岐阜市はこの頃、本荘村、長良村、三里村などを次々と編入して、市域を大きく広げていた。

まえがき

　現在の名古屋鉄道の名古屋本線は、愛知県の豊橋駅と岐阜県の名鉄岐阜駅を結んでいるが、このうち西側の路線は、名古屋市を中心に路線を延ばしてきた(旧) 名古屋鉄道(名古屋電気鉄道)と、岐阜市内の路面電車から発展した美濃電気軌道が合併して成立した名岐鉄道の本線 (名岐線)が主体となっている。名古屋と岐阜を結んでいたこの鉄道は、やがて木曽川を渡る橋梁が完成し、一本の路線となった後、名古屋側の玄関口として、現在の名鉄名古屋駅(当時は新名古屋駅)が誕生した。太平洋戦争中の1944 (昭和19)年9月には、東側の豊橋線と結ばれる新名古屋〜神宮前間の東西連絡線が開通している。本書はこうした名古屋本線の西側の路線の歴史を振り返りつつ、歴代の名鉄の車両や沿線風景の変遷を豊富な写真、絵葉書などで紹介するものである。

　いうまでもなく、名古屋市は愛知県の県庁所在地、中部地方を代表する都市であり、尾張徳川家62万石の城下町として繁栄してきた。一方、岐阜市は岐阜県の県庁所在地で、古くは稲葉山城 (岐阜城)があり、江戸時代は加納藩の城下町でもあった。この沿線はほかにも織田信長の居城、清洲城が存在した清須市、尾張一宮として崇敬された真清田神社が鎮座する一宮市、国府宮はだか祭りで知られる尾張大國霊神社の稲沢市など、歴史に彩られた街が数多く存在している。そこを走る名鉄は、パノラマカーとして親しまれてきた特急列車をはじめとして、個性的な車両が走ることで鉄道ファンの間にも人気が高い。過去から未来へ発展を続ける名鉄本線の多彩な姿を、ゆっくりとご覧いただきたい。

2020 (令和2)年4月　生田 誠

1章
愛知県区間
（金山〜木曽川堤）

7000系と5500系が走る名鉄線の左に少しだけ見えている線路が東海道本線、右の跨線橋とホームが中央本線の金山駅。空き地が目立っていたこの地は1989（平成元）年に金山総合駅に生まれ変わって風景が激変、この当時の面影を偲ぶことはできない。
◎金山橋〜ナゴヤ球場前　1975（昭和50）年12月29日　撮影：寺澤秀樹

金山
かなやま

開業 1944（昭和19）年9月1日　　**所在地** 愛知県名古屋市熱田区金山町1-1-18

金山駅は名鉄名古屋本線とともにJR線（東海道本線、中央本線）と名古屋市営地下鉄（名城線・名港線）が乗り入れ、金山総合駅と呼ばれる名古屋の一大ターミナル駅となっている。この駅の歴史をたどれば、名鉄の豊橋線と名岐線を結ぶ東西連絡線の駅が原点であり、1944（昭和19）年9月の神宮前〜新名古屋間の開業時に中間駅として設置された。その後、1962（昭和37）年1月に国鉄（現・JR）中央本線の金山駅が開業。1967（昭和42）年3月、名古屋市営地下鉄2号線（現・名城線）の金山駅が開業している。

開業当初には、名鉄の金山駅はこの駅を境に架線電圧が異なっていた。そのため、豊橋線と名岐線の列車が折り返し運転を行い、乗換駅となっていた。開業1年後の1945（昭和20）年7月に金山橋駅と改称。1948（昭和23）年に電圧が統一されて、東西直通運転が可能となった。

一方、名古屋市は戦後復興計画の中で、金山駅周辺を副都心と定め、ターミナル駅の役割をもつ総合駅構想が持ち上がっていた。その後、1962（昭和37）年1月に国鉄中央本線の金山駅が開業し、1967年3月には地下鉄名城線の金山駅が開業した。さらに世界デザイン博の開催に合わせ、総合駅化が具体化した。1989（平成元）年7月、金山橋駅が移転して金山駅の駅名に戻り、東海道本線にも金山駅が誕生し、金山総合駅が姿を現した。

この金山駅は中区と熱田区の区境に位置しており、名鉄駅の所在地は熱田区金山（町）1丁目、JR駅の所在地は中区金山（町）1丁目に存在する。もともとは1939（昭和14）年に誕生した熱田区の金山町があり、その後に一部が中区に編入されて、中区金山町となった。この「金山」の地名となったのは、熱田村の字名（金山）で、この地には金山神社が鎮座してきた。金山神社は熱田神宮の鍛冶職だった尾崎善光が自らの屋敷内に勧請したことに始まり、その後に屋敷が移転し、熱田神宮の境外摂社である高座結御子神社の末社となった。さらに付近には尾張地方の鍛冶職人が集まり、「金山鍔」の産地となっていた。現在では。尾張鍛冶発祥の地とされている。

金山総合駅は北側から中央本線、名鉄本線、東海道本線のホームが並び、それらを結ぶ南北連絡通路があり、真ん中にある名鉄本線には名鉄金山駅東棟と名鉄金山駅西棟が存在する。旧金山橋駅があった東側には線路を跨ぐ金山橋、高座橋が架かっている。また、地下鉄の金山駅は中央本線の北側の地下に置かれている。駅の西側には伏見通、東側には大津通、南側には八熊通が走り、交通の要地となっている。

名鉄駅の構造は島式ホーム2面4線で、1・2番線を下り、3・4番線を上りが利用している。快速特急、特急を含む全列車が停車する主要駅である。

名鉄、JR、名古屋市営地下鉄が連絡する金山総合駅の南口の風景。JR東海が管理する駅の中では、名古屋、東京、新大阪駅に次ぐ第4位の平均乗車人員数を誇っている。

公共通路を挟んだ東棟に置かれている名鉄金山駅の中央改札口付近の風景。この駅は熱田区金山町1丁目に位置している。名鉄駅の構造は島式ホーム2面4線の地上駅。

7000系パノラマカーによる特急新岐阜発豊橋行き。最後部から7006-7055-7056-7155-7156-7005。金山橋駅は戦時中の1944（昭和19）年6月に、神宮前〜新名古屋間の開通時に開設。長らく応急のバラック建築だったが1989（平成元）年7月に北へ300m移転し金山総合駅となった。◎金山橋　1967（昭和42）年10月　撮影：阿部一紀

キハ8000形による高山線乗り入れディーゼル準急「たかやま号」。1965（昭和40）年8月に神宮前〜高山間（鵜沼経由）で運転開始。1966年3月に急行となり、同年12月飛騨古川まで延長。手前から8002-8052-8151（1等車）-8051-8001。転換クロスシート、冷房、座席指定だった。◎金山橋　1967（昭和42）年10月8日　撮影：阿部一紀

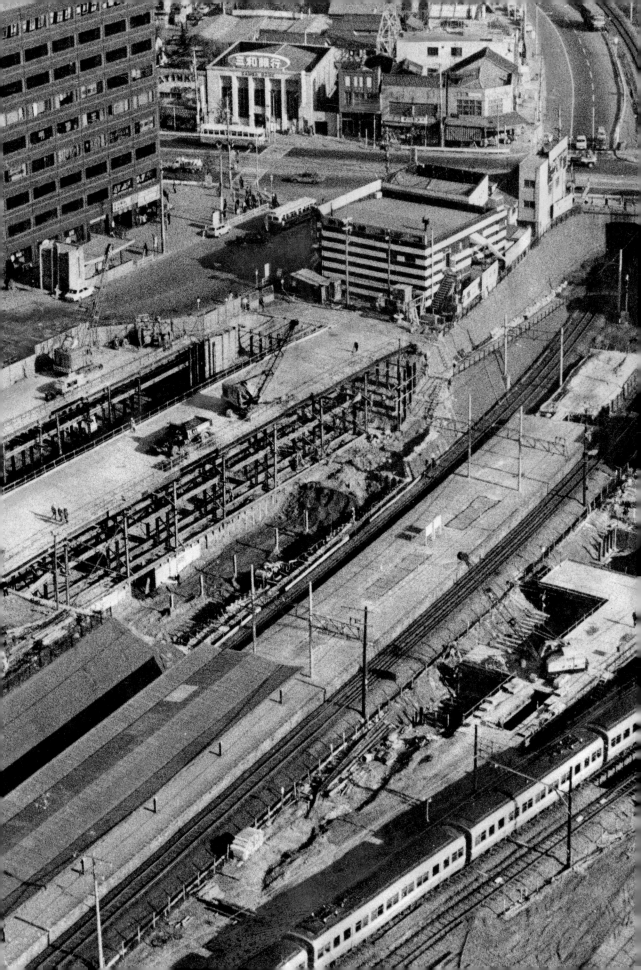

1969年
（昭和44年）

【金山総合駅】
1969（昭和44）年の暮れ、金山総合駅に備え地下鉄名城線の延伸工事が行われていた頃の空撮写真。既に1962（昭和37）年1月には北側に国鉄中央本線の金山駅が開業していた。この後、東海道本線の金山駅開業に向けて用地確保に乗り出すものの、予定していた2面4線用の用地は得られず、1989（平成元）年7月に1面2線の駅として開業することとなる。奥には前年まで市電の走っていた金山橋（道路橋）が見える。中央本線もまだ電化工事中である。
◎1969（昭和44）年12月11日
提供：朝日新聞社

【金山総合駅】
1975（昭和50）年10月の国鉄金山駅、名鉄金山橋駅付近
の空撮風景で、この付近で枝分かれしていた中央本線と
東海道本線、名古屋本線が見える。この当時、名鉄の駅は
手前に見える、移転前の金山橋駅だった。また、並行して
走る東海道本線には駅は設置されていなかった。この後、
10年以上が経過して、ようやく1989（平成元）年7月に現
在のような名鉄・JRの金山総合駅が姿を現すこととなる。
◎1975（昭和50）年10月　提供：朝日新聞社

1975年
（昭和50年）

「なまず」の愛称がある850系と800系4両編成の普通犬山線岩倉行き。先頭は「なまず」の制御車ク2350形。この地点で
中央本線が名鉄と東海道本線をアンダークロスして海側（西側）に移る。
◎金山橋〜中日球場前　1965（昭和40）年8月5日　撮影：清水 武

ディーゼル準急「たかやま」号運転初日
で、前面に初列車の飾りつけがある。右
は東海道本線で現在の尾頭橋付近。
◎金山橋〜中日球場前　1965（昭和40）
年8月5日　撮影：清水 武

5500系4両の回送列車。右は東海道本線。画面左に名鉄と東海道線の下をくぐる中央本線（当時は非電化）が見える。
◎金山橋〜中日球場前　1965（昭和40）年8月5日　撮影：清水 武

3650系2両（最後部はモ3652）の準急常滑行き。モ3650系は1941年登場で、同時に登場したモ3350（戦後にモ3600となる）の片運転台タイプ。3600系とともに優美な外観が特徴。
◎金山橋　1975（昭和50）年3月　撮影：清水 武

東急電鉄から譲渡された3880系のク2880は非貫通タイプの車体が標準だったが、そのうちク2887は東急時代に新造車体に乗せ換えており、貫通ドア付きのノーシルノーヘッダー車体・埋め込み式前照灯など、電装解除してTc化されたク2886とともに異色の存在だった。この区間は1990（平成2）年に複々線化され様相が大きく変化している。◎神宮前〜金山橋　1994（平成6）年2月　撮影：寺澤秀樹

引退を間近に控えた頃の5500系が主力通勤車両の3500系と行き交う。両車の顔を見比べると昭和と平成のデザイン感覚の差が感じられる。◎神宮前　2002（平成14）年4月5日　撮影：寺澤秀樹

モ5509は新川工場が火災に遭った際に大きな被害を受け、高運転台の車体を新造して復旧したため、外観イメージが大きく変わり異彩を放っていた。
◎神宮前　2002（平成14）年3月26日　撮影：寺澤秀樹

3両編成時代の1600系。その後、一部特別車特急仕様への改造や塗色変更が実施されて1700系となり、2200系と共通運用で活躍を続けていたが、近年になって2編成4両が2230系に世代交代して廃車となった。残る2編成4両の動向が気になる。
◎神宮前　2007（平成19）年7月26日　撮影：寺澤秀樹

複々線区間で7000系と2000系が行き交う。写真の7011F編成は小振りな前面の行先・種別表示器はそのままに白帯が撤去されたため、前面の見た目は違和感があった。この写真の撮影から約1年5か月後に白帯が復活、さよなら関連の各種イベント列車に充当された後、7000系最後の営業列車の重責を担った。◎神宮前～金山　2008（平成20）年5月26日　撮影：寺澤秀樹

800系（モ831）による津島経由新一宮行き特急。須ケ口から津島線、尾西線経由で新一宮（現・名鉄一宮）へ向かう。写真のモ831は1937（昭和12）年に制御車クボ2301として登場し、1942（昭和17）年に電装してモ800系と実質的に同じになった。2両目は3ドアのク2501。
◎金山橋　1972（昭和47）年2月4日　撮影：阿部一紀

3800系2両（ク2833-モ3833）の準急佐屋行き。須ケ口から津島線に入り、津島から尾西線に入り佐屋まで運転。3800系は戦後製造の当時の運輸省による私鉄規格型電車。2ドアロングシートだったが後にドア間が転換クロスシートとなり高運転台化された。◎金山橋　1972（昭和47）年2月4日　撮影：阿部一紀

5200系モ5202が先頭の新岐阜行き特急。5200系は5000系の増備として1957（昭和32）年に登場。正面貫通型、下降窓、2両固定が特徴。このモ5202は1968（昭和43）年に各務原線で大型ダンプカーと踏切で衝突して大破、1969年の復旧に際し高運転台になった。◎金山橋　1972（昭和47）年2月4日　撮影：阿部一紀

7700系登場を知らせる1973（昭和48）年春の名鉄ポスター。「パノラマカー24両を新造中、これでパノラマカーは218両になります」とある。7700系の河和行き特急が描かれている。
◎金山橋　1973（昭和48）年4月4日　撮影：阿部一紀

7300系の特急弥富行き。7300系は支線直通特急の冷房化、近代化を目的に旧型車3800系の台車、機器を再利用しパノラマカーの展望車をなくした車体を新製して1971（昭和46）年に登場。当初は津島線、三河線、西尾線直通列車に使用された。
◎金山橋　1972（昭和47）年2月4日　撮影：阿部一紀

1937（昭和12）年西部線に登場した流線形850系（モ852-ク2352）の伊奈行き普通。独特な前面スタイルで「なまず」の愛称がある。名鉄の車両運用は複雑で、どの列車に使用されるかはその日にならないとわからず「なまず」は神出鬼没だった。
◎金山橋　1974（昭和49）年3月30日　撮影：阿部一紀

3800系と3500系の普通新岐阜行き。先頭からク2827－モ3827－ク2503－モ3503（最後部はモ3503）。3500系は戦時中の1942年製で当初は制御車で3ドアロングシート。後に電動車化され戦後の1951年に電動車（モ3500）は2ドアとなった。◎金山橋　1973（昭和48）年4月4日　撮影：阿部一紀

名鉄キハ8000系のディーゼル急行「たかやま号」。早朝に新名古屋から豊橋へ向かい座席指定特急として折返し、神宮前から「たかやま号」となって飛騨古川へ向かった。この豊橋折返し特急は間合い運用のため「アルバイト特急」といわれた。◎金山橋　1968（昭和43）年4月5日　撮影：荻原二郎

3ドアロングシートの3550系普通豊明行き。モ3552-ク2552の2両編成。旧型車も1970年代にグリーンからスカーレットになった。写真左側は、食品製造のジャパンフレッシュ名古屋工場で、この建物は現存している。◎神宮前　1985（昭和60）年7月22日　撮影：長渡 朗

流線形3400形4両の特急常滑行き。1937（昭和12）年の製造時は2両だったが、戦後に4両固定編成になった。1967（昭和42）～68年に車体更新され、車体は全金属化され前面窓も曲面ガラスで連続窓となり塗装もイエローに赤帯になった。左は東海道本線。◎金山橋～神宮前 1975（昭和50）年5月21日 撮影：長渡 朗

中央本線金山駅ホームから撮影した名鉄の流線形ク2352-モ852。独特な形状で「なまず」の愛称がある。当時の金山橋駅は写真左奥にあったが、1989（平成元）年7月にこの地点に移り、JR・名鉄・地下鉄の「金山総合駅」となった。背後は国鉄113系とクモニ83。◎金山橋～中日球場前 1975（昭和50）年5月21日 撮影：長渡 朗

7700系2両編成の特急上野間行き「ヤングビーチ」号。◎1975（昭和50）年3月 撮影：清水 武

3ドアロングシート車3550系2両編成の準急新岐阜行き。
先頭のク2560は戦争末期の1944（昭和19）年製造、2両目
のモ3560は戦後の1947（昭和22）年製造。当時、旧型車は
グリーンで前面は高運転台化されている。現在この区間は
複々線化されている。右は東海道本線。◎金山橋〜神宮前
1975（昭和50）年5月21日　撮影：長渡 朗

神宮前では平面交差を避けるため、本線上下線の間から常滑線が分岐している。河和方面へ向かうパノラマDX（デラックス）8800系2両編成。8800系は1984（昭和59）年に登場したハイデッカー展望室の特急車で、新鵜沼〜内海・河和間で運行された。◎神宮前　1985（昭和60）年7月22日　撮影：長渡朗

神宮前を発車して常滑線へ入るモ7700系の急行常滑行き。7700系は支線直通用として1973（昭和48）年に登場した前面貫通タイプで、展望室がない「パノラマカーの亜種」。神宮前の南側で本線と常滑線が分岐。この築堤は現在でも変わらない。◎神宮前　1985（昭和60）年7月22日　撮影：長渡 朗

左が3900系モ3902（左）の準急弥富行き。3900系は1952（昭和27）年に特急用として登場した固定クロスシート車。右は7000系パノラマカーの特急内海行き。1977（昭和52）年から特急は座席指定となり、特急料金が必要となった。左は名鉄神宮前百貨店（現・パレマルシェ神宮）。◎神宮前　1985（昭和60）年7月22日　撮影：長渡 朗

6500系の犬山経由新岐阜行き急行。6500系は1984 (昭和59) 年登場の名鉄初の界磁チョッパ制御車。前面のステンレスが特徴。集団離反型の2人掛け固定クロスシートだが、後に一部の編成がロングシート化された。写真右は東海道本線。◎神宮前　1985 (昭和60) 年7月22日　撮影：長渡 朗

5200系のモ5203を先頭にした普通犬山行き。写真後方は本線と常滑線の立体交差。5200系は1957 (昭和32) に登場した2ドア転換クロスシート車で、中間車として5000系から転用したモ5150とは車体幅が異なる。◎神宮前　1985 (昭和60) 年7月22日　撮影：長渡 朗

改良前の神宮前3番線ホーム。3800系4両の普通太田川行き (先頭はモ3827)。3800系は戦後の1948 (昭和23) ～49年に70両が製造され、3400系などとともにAL車 (自動進段制御車) と呼ばれる。登場時はロングシートだったが、後に大部分の車両がドア間転換クロスシート化。この車両は前面が高運転台化。◎神宮前　1985 (昭和60) 年7月22日　撮影：長渡 朗

モ809・810は両運転台のため、増結運用に入ることも多く、名鉄では数少ない3両運用を組むのに重宝されていた。◎金山橋〜ナゴヤ球場前　1979（昭和54）5月28日　撮影：寺澤秀樹

戦後初の新造車両として登場した3800系は高運転台改造を受けた車両が多く、これが晩年の3800系の標準的なスタイルだった。◎金山橋〜ナゴヤ球場前　1978（昭和53）年4月28日　撮影：寺澤秀樹

金山橋を後に目的地の立山に向かう特急「北アルプス」。当時は文字タイプのヘッドマークだったが、約1年後の1980（昭和55）年7月から絵入りのヘッドマークに変更された。◎金山橋〜ナゴヤ球場前　1979（昭和54）年5月28日　撮影：寺澤秀樹

中央本線金山駅のホームから撮影した名鉄線。当時の金山エリアは東海道本線には駅がなく、国鉄（中央本線）・名鉄・地下鉄の駅はそれぞれ離れた位置にあり、乗り換えには不便を強いられていた。1989（平成元）年7月、この地に金山総合駅がオープン、利便性は飛躍的に向上した。◎金山橋〜ナゴヤ球場前 1978（昭和53）年4月28日 撮影：寺澤秀樹

3800系は他社への譲渡や7300系の種車になった車両が多く、名鉄に残った高運転台未改造車は少数派だった。◎金山橋〜ナゴヤ球場前 1978（昭和53）年4月28日 撮影：寺澤秀樹

850系が御嵩行きの高速運用に入っていた。850系は他のAL車と共通運用だったため、その姿を捕えるのには苦労が多かった。◎金山橋〜ナゴヤ球場前 1979（昭和54）年5月26日 撮影：寺澤秀樹

山王
さんのう

開業 1944（昭和19）年9月1日　　**所在地** 愛知県名古屋市中川区山王3-13-3

2005（平成17）年まで、ナゴヤ球場前駅として多くの人々に親しまれてきたのが、この山王駅である。それ以前、1956（昭和31）年から1976（昭和51）年までの20年間は中日球場前駅と名乗っており、ドラゴンズファンにはおなじみの駅だった。現在の駅名である「山王」は、名古屋市中川区の地名で、もともと（開業時）の駅名である。この駅は1944（昭和19）年9月、山王駅として開業している。中日ドラゴンズの本拠地がナゴヤドームに移転したことで、開業して約60年後に元の駅名が復活した形である。

名鉄名古屋本線の駅の中では、この山王駅だけが中川区に置かれている。中川区は1937（昭和12）年に誕生した区で、中川運河があることから名称が生まれた。中川運河は山王駅の北側を流れており、すぐ北に西日置橋が架かり、東側で堀川と結ばれている。名鉄本線は山王駅の南東で区境となっている堀川を越え、隣の金山駅は熱田区内となる。また、名鉄本線の西側を走ってきた、東海道本線と東海道新幹線は山王駅の南側で分かれ、南に向かう東海道新幹線はナゴヤ球場の横を通るのは御存じの通り。

ここで中川運河について簡単に述べておくと、この運河は1926（大正15）年に起工され、1930（昭和5）年に竣工したもので、国鉄（現・JR）の笹島貨物駅と名古屋港を結ぶ水上輸送路として利用されてきた。本線はほぼ南北に通っており、山王駅の北側を流れるのは堀川と結ばれた東支線である。

駅の構造は、島式ホーム1面2線をもつ高架駅。1988（昭和63）年に南口（グラウンドゲート）が新設された。この南口は主にナゴヤ球場に向かう野球ファンのためのもので、ドラゴンズの本拠地移転後は、コンサートなどのイベント開催時に使用されていた。快速特急、特急、急行などは通過し、普通のみが停車する。

東海道本線では、金山駅との間に尾頭橋駅が置かれているが、名鉄本線には中間駅は存在しない。この尾頭橋駅は1995（平成7）年3月に開設された新しい駅で、前身として東海道貨物線上にナゴヤ球場正門前駅が存在した歴史がある。こちらの駅は1987（昭和62）年7月に開業、1994（平成6）年10月に廃止された。この臨時駅に代わり、ウインズ名古屋などに向かう競馬ファン、地元住民のために開業したのが尾頭橋駅である。

南口が開設される前のナゴヤ球場前（現・山王）は名古屋本線の下り各列車を撮影するのに好都合なポイントだった。連結化改造が行われる前の3400系は連結器周りがスッキリしていた。
◎ナゴヤ球場前　1982（昭和57）年6月　撮影：寺澤秀樹

ドラゴンズファンが押し掛けた球場の最寄り駅の風景が消えて久しい山王駅。利用者の数も大きく減少したが、近年は少しずつ回復傾向にある。

「日本ライン」新可児行きと「明治村」明治村口（現・羽黒）行きの併結特急。犬山で分割され、前の7700系2両が小牧線の明治村口、後ろの7000系4両が広見線の新可児に向かう。
◎ナゴヤ球場前　1982（昭和57）年6月
撮影：寺澤秀樹

1959年
（昭和34年）

【中日球場（ナゴヤ球場）】
中日ドラゴンズの本拠地だった中日球場（ナゴヤ球場）である。北側には1906（明治39）年に愛知第三尋常小学校として開校し、1928（昭和3）年に現在地に移転してきた名古屋市立露橋小学校が見える。その間の露橋公園は、まだ整備されていなかった。右上には、国鉄の東海道本線・中央本線、名鉄の名古屋本線の線路が走っているが、球場横を通ることになる東海道新幹線はまだ開通していない。
◎1959（昭和34）年7月　提供：朝日新聞社

名鉄名古屋 めいてつなごや

開業 1941（昭和16）年8月12日　**所在地** 愛知県名古屋市中村区名駅1-2-1

名古屋市の玄関口は、JRでは東海道新幹線、東海道本線、中央本線、関西本線が乗り入れるJR名古屋駅だが、東海地方、近畿地方の諸都市との間を連絡する形で、名鉄名古屋駅、近鉄名古屋駅も別の玄関口となっている。この2駅では、関急名古屋駅として開業した現在の近鉄名古屋駅の方が歴史は古く、1941（昭和16）年8月に新名古屋駅として開業した名鉄名古屋駅が最も新しい駅である。

もともとの名鉄本線は、神宮前を起終点駅とする東側の豊橋線と、柳橋・押切町駅を起終点駅とする西側の一宮（名岐）線に分断されていた。西側の路線は、名古屋電気鉄道の市内線（路面電車、市電）と郡部線（一宮線など）を結ぶ形のターミナル駅として、柳橋駅、押切町駅があったが、1941年8月、名岐線の枇杷島橋～新名古屋間が開業し、この2駅は廃止された。その後、1944（昭和19）年9月、神宮前～新名古屋間が開通して、東西連絡線が完成している。名鉄名古屋駅の構造は、島式、相対式ホームを組み合わせた3面4線をもつ地下駅で、1番線を下り列車、4番線を上り列車が使用。2・3番線が降車ホーム、特別車のりばとなっている。名鉄では、名古屋駅地区再開発事業を既に発表しており、この後、4面のホームに拡張される予定である。

ここで、官設鉄道、関西鉄道時代の名古屋駅の歴史を紹介しておくと、1886（明治19）年4月、官設鉄道の熱田～清洲（現・枇杷島）間が開通し、同年5月に名護屋駅が誕生し、翌年（1887）年4月に名古屋駅と改称された。この名古屋駅は当時の名古屋市の西端、笹島と呼ばれる地区に置かれていた。現在地よりも200メートルほど南側にあり、所在地から「笹島ステーション」と呼ばれていた。江戸時代から名古屋のシンボルであった名古屋城から見ると南西にあたり、市街地の中心は堀川を渡った東側の栄付近であった。現在の名古屋駅及び名鉄名古屋駅の所在地は、中村区名駅1丁目であるが、「名駅」の地名は1977（昭和52）年に誕生したもので、以前は笹島町、広井町、那古野町などであった。

1898（明治31）年、名古屋電気鉄道が開通した最初の路面電車（市電）は、この駅前の笹島（町）から東に延びる広小路を通る路線である。このとき開通したのは栄町線の笹島～県庁前間で、笹島、柳橋、御園町、七間町、県庁前（後の久屋町）の停留場が設置されている（当時の県庁は久屋町付近に置かれてい

た）。このうち、柳橋停留所は、後に名岐線（名鉄名古屋線）との接続駅となる。

名古屋駅の初代駅舎は1891（明治24）年に濃尾地震が発生して倒壊し、間もなく再建された。1895（明治28）年5月には、関西鉄道が名古屋駅を開業し、翌年（1896年）には愛知駅を設けたが、この愛知駅は1909（明治42）年に名古屋駅と統合・廃止されている。1900（明治33）年7月には中央本線が開通している。その後、1911（明治44）年5月に名古屋港線の名古屋～名古屋港間が開業、当初は旅客営業も行っていた。名古屋駅は1937（昭和12）年2月に現在地に移転し、地上5階・地下1階の新駅舎（三代目）が誕生し、高架駅となっている。

現在の名古屋駅は、このJR名古屋駅とともに名鉄名古屋本線、近鉄名古屋線、名古屋市営地下鉄（東山線・桜通線）、名古屋臨海高速鉄道（あおなみ線）が連絡する駅となっている。名古屋市営地下鉄は、最初の路線である1号（現・東山）線が1957（昭和32）年11月、名古屋～栄町間で開業している。あおなみ（西名古屋港）線は2004（平成16）年10月、名古屋～金城ふ頭間が開通した。

中部日本、東海地方の中心都市として繁栄する名古屋市の発展は、1610（慶長15）年に徳川家康が名古屋城を築城し、御三家のひとつ、尾張藩を立てたことに始まる。初代の藩主は家康の九男、徳川義直で、当初は47万石であった。1612（慶長17）年には「清洲越し」と呼ばれる清洲からの街の移動で、名古屋の城下町が形成された。江戸時代の城下町は、北は京町通、南は広小路通、西は堀川、東は久屋大通で囲まれた「碁盤割」と呼ばれる範囲であった。なお、江戸時代の東海道は名古屋を経由しておらず、宮宿

地下の1階を中心に3層にコンコース、改札口、ホームが置かれている名鉄名古屋駅。その上には名鉄百貨店の本店があり、地上出入口が設けられている。

（熱田）から北上する脇街道の美濃路に名古屋宿が置かれていた。この名古屋宿は現在の中区伏見付近にあった。

尾張藩は明治維新後に名古屋藩（県）となり、1889（明治22）年には、現在の中区、東区を中心とする地域で名古屋市が成立した。1907（明治40）年には熱田町（宮宿）を編入。1908（明治41）年には中区、東区、西区、南区が発足した。1925（大正14）には東京、大阪に次ぐ人口が第3位となり、1935（昭和10）年には100万人を突破した。1937（昭和12）年には千種区、中村区、昭和区、熱田区、中川区、港区が加わり、1944（昭和19）年に北区、栄区（翌年に廃止）、瑞穂区が新設された。戦後は天白村、守山市、鳴海町、有松町などを編入し、守山区、緑区、名東区、天白区が誕生している。現在の人口は約232万人である。

「北アルプス」の立山乗り入れは1970（昭和45）年から1983（昭和58）年までの夏季シーズンに実施されたが、毎年立山延長運転の初日には前面に装飾を施すとともに新名古屋駅では出発式が行われ、シーズン開幕に華を添えていた。
◎新名古屋　1979（昭和54）年5月15日　撮影：寺澤秀樹

地下駅である新名古屋駅の駅名表示。ナゴヤ球場前は1944（昭和19）年9月の開設時は山王（さんのう）だったが、1956（昭和31）年9月に中日球場前、1976（昭和51）年1月にナゴヤ球場前と変わり、2005（平成17）年1月29日の空港線開業時に山王に戻り、新名古屋も名鉄名古屋に改称された。◎新名古屋（現・名鉄名古屋）　1982（昭和57）年5月22日　撮影：荻原二郎

3850系の津島線準急が新名古屋駅に到着した。現在まで時勢に合わせてリニューアルが実施されたが、線路配線やホームの形状などの基本的なレイアウトは踏襲されている部分が多い。発着する車両・案内表示・広告などに昭和の雰囲気が感じられる。
◎新名古屋　1982（昭和57）年6月　撮影：寺澤秀樹

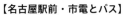

【名古屋駅前・市電とバス】
現在の場所に移転する前、笹島付近にあった先代名古屋駅
の駅前風景で、ズラリと路面電車（市電）、乗合自動車（バス）
が並んでいる。バスのうち、3本線のボディは名古屋乗合
自動車（名バス）、右端は愛知乗合自動車（赤バス）である。
名古屋市電は1922（大正11）年、名古屋市が名古屋電気鉄
道の軌道事業を買収して誕生している。この後、中村電気
軌道、新三河鉄道なども買収し、戦前の市電路線が完成する。
◎1935（昭和10）年　提供：朝日新聞社

1935年
（昭和10年）

1945年
（昭和20年）

【名古屋駅付近】
太平洋戦争が終わった1945（昭和20）年9月、空襲で焼け野原となっ
た名古屋駅周辺の姿である。中央に見える名古屋駅も、同年3月の名
古屋大空襲で被害を受けた。街にビルや家屋の姿はほとんどなく、名
駅通をはじめとする道路の姿がくっきりと浮かび上がっている。右
上に見えるのは笹島貨物駅で、1986（昭和61）年11月に廃止される
まで、名古屋における水陸の貨物輸送の中心の役割を果たしてきた。
◎1945（昭和20）年9月　提供：朝日新聞社

1958年
（昭和33年）

【泥江町交差点】
市営地下鉄桜通線の国際センター駅が置かれている泥江（ひじえ）町交差点の空撮写真で、縦に走るのは桜通、横の道路は江川線である。奥に見えるのが名古屋駅で、1937（昭和12）年2月の新駅誕生（移転）に合わせて、現在の桜通が拡幅されて開通した。この道路の下に地下鉄が開通し、国際センター駅が置かれるのは1989（平成元）年9月である。現在は名古屋高速都心環状線も通っている。
◎1958（昭和33）年8月4日　提供：朝日新聞社

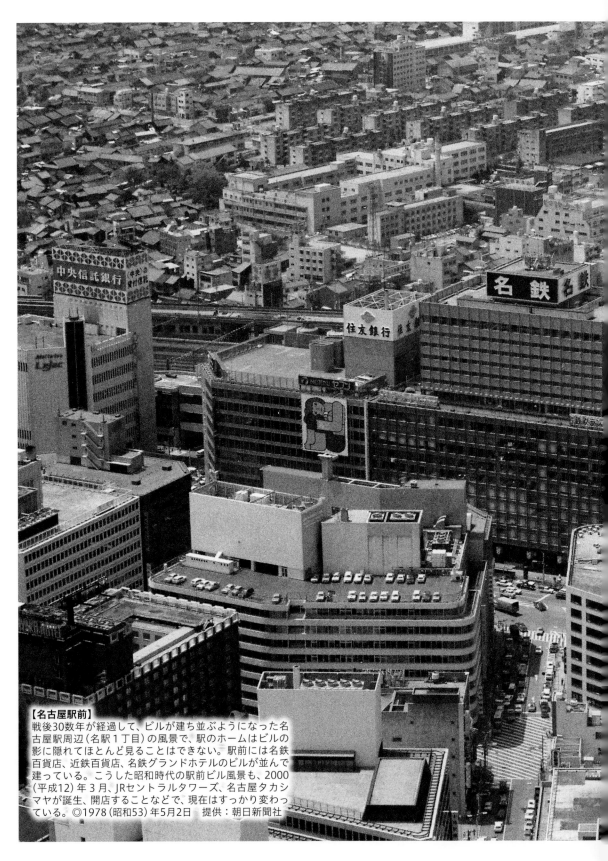

【名古屋駅前】
戦後30数年が経過して、ビルが建ち並ぶようになった名古屋駅周辺（名駅１丁目）の風景で、駅のホームはビルの影に隠れてほとんど見ることはできない。駅前には名鉄百貨店、近鉄百貨店、名鉄グランドホテルのビルが並んで建っている。こうした昭和時代の駅前ビル風景も、2000（平成12）年３月、JRセントラルタワーズ、名古屋タカシマヤが誕生、開店することなどで、現在はすっかり変わっている。◎1978（昭和53）年5月2日　提供：朝日新聞社

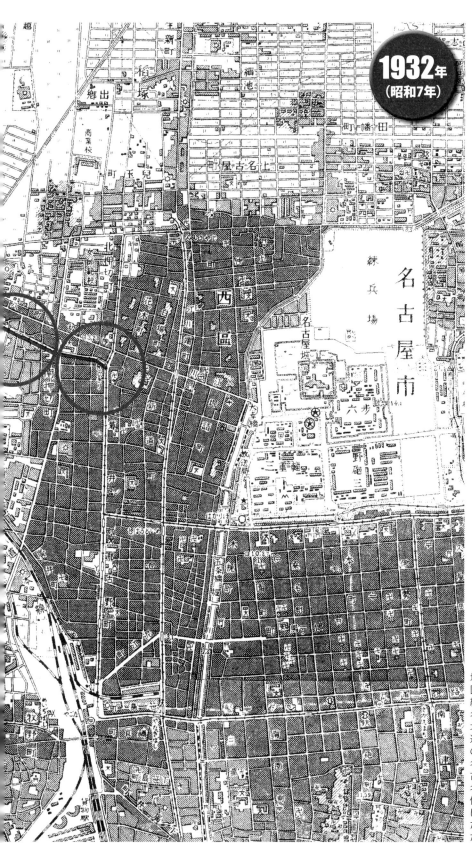

地図の右側に大きく陸軍師団、連隊のある名古屋城と練兵場が描かれ、中央下に名古屋駅がある。ここから北西の岐阜方面に至る東海道本線が延びている。名鉄の前身である名岐鉄道は、名古屋市内の路面電車（名古屋市電）と連絡する形で、名古屋駅の北にある押切町停留場から東枇杷島町方面に向かう路線が存在していた。その先、庄内川を渡った先に枇杷島橋駅がある。

1953年
（昭和28年）

笹島町にあった旧名古屋駅の北側に新しい名古屋駅が開業しており、この地下には近鉄の近畿日本名古屋（現・近鉄名古屋）駅と名鉄の新名古屋（現・名鉄名古屋）駅が誕生している。駅の北側には名古屋中央郵便局があり、南側には中村警察署が置かれている。この当時、名古屋市営地下鉄はまだ開通しておらず、名古屋駅前電停を中心にした名古屋市電の路線が市内各地を結んでいた。

栄生 さこう

開業 1941（昭和16）年8月12日　　**所在地** 愛知県名古屋市西区栄生2-5-11

　栄生駅を含む区間の名鉄名古屋本線は、JR東海道本線、東海道新幹線と並行して走っている。そのため、名古屋駅に停車する新幹線の車窓から、この駅のホームの風景を見ることができる。駅の所在地は名古屋市西区栄生2丁目だが、駅の南側は中村区の千早町、大日町である。「栄生」の地名は、川に挟まれた狭い場所である「狭所（さこ）」が「栄生」に変わったといわれている。栄生駅は1941（昭和16）年8月に開業しており、現在の駅の構造は島式ホーム1面2線の高架駅である。快速特急、特急などは通過し、一部の快速急行や急行、準急、普通が停車する。

　栄生駅のすぐ東側には、1994（平成6）年にトヨタ産業技術記念館が開館した。ここは発明家でトヨタグループ創始者の豊田佐吉が1911（明治44）年、豊田自動織布工場を建設した場所で、その後は豊田自動織機栄生工場となっていた。この記念館は、1918（大正7）年に改築された赤煉瓦造りの工場建物を利用したもので、トヨタグループが運営する企業博物館となっている。佐吉ゆかりの品々をはじめとする、トヨタ発展の歴史を見ることができ、日本を訪れる外国人にも人気の施設となっている。

　駅北側には駅舎と直結する形で、名鉄病院が置か

れている。この病院は1956（昭和31）年に1号館が開設され、1989（平成元）年に2号館、2001（平成13）年に3号館が加わり、現在は新1号館を合わせて診療が行われている。駅の南側には、外堀通りが通っており、この地下には市営地下鉄東山線が走っている。東側には亀島駅、西側には本陣駅があり、ともに1969（昭和44）年4月に開業している。このうち、亀島駅はやや栄生駅に近く、乗り換えは可能である。

名鉄名古屋駅側に置かれている栄生駅の駅舎は、1996（平成8）年に改築されている。反対（東枇杷島）側の改札口は「名鉄病院改札口」と呼ばれている。

栄生駅を通過する1200系特急列車。当駅のホームからはJR線の列車や貨物列車、新幹線などが眺められる。
◎栄生　2020（令和2）年2月

東枇杷島

ひがしびわじま

開業 1941（昭和16）年8月12日　　**所在地** 愛知県名古屋市西区枇杷島1-18-9

栄生駅を出た名鉄本線は東海道本線、東海道新幹線と分かれて北東方向に向かう。同じ西区内に置かれているのが、東枇杷島駅である。もともとの東枇杷島駅は、1910（明治43）年5月に枇杷島線の惣兵衛川停留所として開業し、1912（明治45）年3月に一宮線の東枇杷島駅として本格的に開業した。

この枇杷島線は、名古屋電気鉄道が最初に開通した路線で、当初は押切町～枇杷島間の軌道線だった。その後、路線を延ばして鉄道線の一宮線となり、犬山線も開通することになる。1928（昭和3）年に名岐線が開通し、新たな本線ルートが開設され、1941（昭和16）年8月、新名古屋（現・名鉄名古屋）駅の開業に伴う東西連絡線が開通すると、新線（現・名鉄本線）のルート上に移転し、現在の駅となった。駅の構造は、相対式ホーム2面2線を有する高架駅である。特急、急行、準急などは通過し、普通のみが停車する。

この駅の北側には、庄内川が流れている。このあたりはかつて、西春日井郡の枇杷島町であったが、東枇杷島と呼ばれることもあった。これは川の対岸が、現在は清須市となっている同じ西春日井郡の西枇杷島町であったことによる。1921（大正10）年に名古屋市に編入され、西区の一部となった。

この駅の東側、環状線と菊ノ尾通りの交差点角は、枇杷島公園が存在する。また、駅西側の東海道本線の線路沿いには、名城大学附属高等学校が存在する。この高校は、1926（大正15）年に名古屋高等理工科講習所として開校し、名古屋高等理工科学校、名古屋文理高等学校をへて、1951（昭和26）年に現在の校名となっている。

「枇杷島」の地名は、平安時代の貴族だった藤原師長が、平清盛と対立してこの地（井戸田）に流された後、関係を持った里長の娘に白菊の琵琶を送ったことに由来する。この娘を弔うために建てられた曹洞宗の寺院、清音寺が西区枇杷島3丁目に残っている。

現在は相対式ホーム2面2線の高架駅となっている東枇杷島駅。近年までこの場所には、1964（昭和39）年に完成した駅ビルがあった。

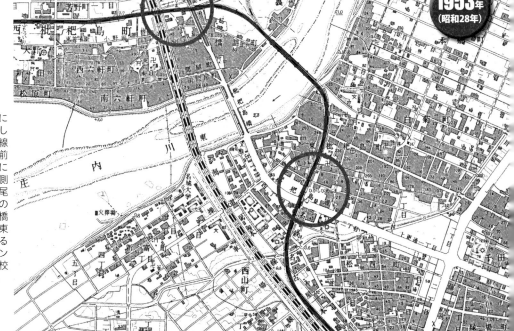

ほぼ真っすぐに北西に進む東海道本線に対して、名鉄の名古屋本線は東枇杷島駅の手前から北西に向かう形になっている。市内東側から延びてきた菊ノ尾通りは、東枇杷島駅の南側を通り、枇杷島橋方面に続いている。東海道本線の西側にある名城大学の中村キャンパスは現在、付属高校の校地となっている。

1953年
（昭和28年）

3800系を先頭にした知多半田行き準急が東枇杷島を通過する。この頃の準急の種別板は青地に黒文字→赤地に白文字→上半分が白地・下半分が黄色地に黒文字と頻繁にデザインが変わった。
◎東枇杷島　1981（昭和56）年2月11日　撮影：寺澤秀樹

3900系は3850系の増備車的な位置付けで登場、中間車を組み込んだ4両固定編成で運用された。3850系と同様張り上げ屋根の車体を採用したが、3800系までに続く名鉄スタイルを継承していた。
◎東枇杷島　1981（昭和56）年8月　撮影：寺澤秀樹

7300系7301F編成の先頭車両は試験的に自動の種別・行先表示を装備していた時期があった。故障が多かったのか、種別表示は幕が取り外されている。行先表示も系統板で代用されることが多く、他車に普及することはなかった。
◎東枇杷島　1981（昭和56）年2月11日　撮影：寺澤秀樹

3850系は戦後の1951（昭和26）年に登場した特急用車両で、広窓とそれにピッチを合わせたボックスシートがおもな特徴だった。写真のモ3859は事故で車体が全焼したが、3700系に準じた車体を新造して復旧した。
◎枇杷島分岐点　1979（昭和54）年6月24日　撮影：寺澤秀樹

西枇杷島

にしびわじま

◆**開業**▷ 1914（大正3）年1月23日　　◆**所在地**▷ 愛知県清須市西枇杷島町川口37-2

　東枇杷島駅を出た名鉄本線は、庄内川を渡って清須市に入る。名鉄橋梁の下流には、枇杷島橋が架かるが、この橋は1622（元和8）年に名古屋藩（尾張藩）の初代藩主、徳川義直によって架橋された歴史があり、日本百名橋にも選ばれている。現在の橋は1956（昭和31）年に架橋された。庄内川は岐阜県恵那市に発し、岐阜県、愛知県内を流れて伊勢湾に注ぐ一級河川である。この付近では、枇杷島川とも呼ばれてきた。

　次の西枇杷島駅は1914（大正3）年、一宮線の枇杷島橋駅と新津島（現・津島）間を結ぶ、津島線の開通時に中間駅として開業している。この津島線のうち、枇杷島橋～須ヶ口間が1941（昭和16）年に名岐線に編入されて、この西枇杷島駅も名岐線の駅となった。戦時中は一時、旅客営業を休止して貨物駅となっていたが、1949（昭和24）年7月に枇杷島橋駅が廃止されると、再び旅客営業を行うようになった。かつて枇杷島橋駅があったこの駅の東側には、名古屋本線、犬山線が分岐する枇杷島分岐点がある。また、下砂杁信号場で分かれる電留線があり、トライアングルとなるデルタ線が形成されている。

　現在の西枇杷島駅の構造は、相対式ホーム2面2線の地上駅で、普通のみが停車する。以前は島式ホーム2面4線の構造だった。この駅の西側では、東海道本線と東海道新幹線が名鉄本線の下をくぐり、北西へ向かっている。この北側には、JRの枇杷島駅が存在する。この駅は官設鉄道（現・東海道本線）の清洲駅として開業し、1906（明治39）年に現在地に移転して、枇杷島駅に改称している。この駅では、東海交通事業（TKJ）の城北線と連絡している。

西枇杷島駅では、地上駅舎に隣接する形で券売機小屋が設置されている。駅の用地が狭いため、相対式2面2線のホームは4両編成の長さしかない。

3600系の準急常滑行きと5500系の急行弥富行き。ホームは狭く、利用者や停車本数は少ない。
◎西枇杷島　1965（昭和40）年8月5日　撮影：清水 武

二ツ杁 <small>ふたついり</small>

開業 1942（昭和17）年2月1日　　**所在地** 愛知県清須市西枇杷島町芳野2-59

　名古屋電気鉄道の津島線の時代にはこの二ツ杁駅は存在せず、駅の開業は1942（昭和17）年2月である。隣の西枇杷島駅、新川橋駅との距離はそれぞれ0.6キロとかなり短い。この二ツ杁駅は現在、清須市西枇杷島町にあるが、2005（平成17）年に清須市が成立する前は西春日井郡の西枇杷島町であり、さらにさかのぼると明治中期までは下小田井村、小場塚新田村が存在した。

　「二ツ杁」という地名、駅名の「杁」とは用水路、水門を意味する漢字で、全国的には「圦」が使われることが多いが、尾張（愛知）地方では木偏の「杁」がよく使われている。この地の「二ツ杁」は、庄内川に備前杁という排水設備があったことで、現在は西枇杷島町に「北二ツ杁」「南二ツ杁」という地名が存在する。また、同じ愛知県内では、春日井市四ツ家町に字二ツ杁が存在している。

　この駅の南側には、美濃路という脇街道が通っている。この美濃路は、東海道の熱田（愛知県）と中山道の垂井（岐阜県）を結ぶ古道で、このあたりのメインストリートであり、現在も古い商店などが残っている。二ツ杁駅の構造は、相対式ホーム2面で、通過線を含む4線の地上駅である。現在の駅舎、駅ビルは1962（昭和37）年3月から使われている。快速特急、特急などは通過し、一部の急行と準急、普通が停車する。

現在の二ツ杁駅西口（岐阜方面）の風景である。東口（名古屋方面）の駅ビルは1962（昭和37）年から使用されており、既に半世紀以上が経過している。

名鉄唯一の荷電デニ2000形2001。1953（昭和28）年に車体が腐食したモ3251を車体新造して荷物電車化。食パン型正面2枚窓が特徴。1969（昭和44）年に廃車され、その後はモ800などが荷電代用になった。後方は東海道本線が交差。現在は手前側に新幹線が平行。◎二ツ杁～西枇杷島　1960（昭和35）年　撮影：阿部一紀

【西枇杷島駅】
1970（昭和45）年 4 月30日、メーデーを前にして私鉄ストが行われ
ていたときの名鉄の西枇杷島駅で、人影のない空白のホーム風景が
うかがえる。一方、駅の右（東）側で跨線橋となって名鉄線を越え
る、愛知県道67号は多くの自動車、トラックなどで渋滞となってい
る。島式 2 面 4 線のホーム構造だった西枇杷島駅は、2019（令和元）
年に上下待避線が撤去され、相対式ホーム 2 面 2 線に変わっている。
◎1970（昭和45）年　提供：朝日新聞社

1970年
（昭和45年）

新川橋 しんかわばし

開業 1914（大正3）年1月23日　　**所在地** 愛知県清須市土器野199-1

　次の新川橋駅は、新川の畔に置かれている。二ツ杁駅と須ケ口駅に挟まれて存在し、それぞれの駅との距離は0.6キロ、0.7キロとかなり短くなっている。駅の開業は、1914（大正3）年1月である。現在の駅の構造は、相対式ホーム2面2線を有する地上駅で、快速特急、特急などは通過し、普通のみ停車する。

　新川橋駅の所在地は、清須市土器野である。現在の清須市が成立する2005（平成17）年までは、新川村、新川町が存在した。さらにさかのぼれば、1889（明治22）年に西春日井郡の土器野新田、上河原町、中河原町、下河原町が合併して、新川村が誕生した歴史がある。そのため、「土器野」という地名は、駅の西側を流れる新川の東西にまたがって広がっている。この新川で、名鉄橋梁のすぐ下流に架けられているのが新川橋である。

　新川は江戸時代に開削された人工河川で、名古屋市内を流れる庄内川の氾濫を防ぐ目的で、18世紀に工事が行われた。これにより五条川、地蔵川などの

水が、新しい川に流れ込むようになり、この新川が生まれた。新川橋の西詰には、新川橋詰ポケットパークがあり、新川開削の歴史や歴代の新川橋の欄干が展示されている。

新川沿いに駅舎が置かれている新川橋駅のホーム（相対式2面2線）は、東側に延びている。2002（平成14）年からの約2年間は、橋梁改築工事のため、仮駅舎で営業していた。

地図の中央には新川が流れており、東側に新川橋駅が置かれている。現在の名古屋本線には、岐阜側に丸ノ内駅、須ケ口駅があり、名古屋側には西枇杷島駅とともに枇杷島橋駅が存在して、デルタ線を形成していた。須ケ口駅北側には豊田（式）織機会社（現・豊和工業）、その東側に富士紡績（現・フジボウ）工場があった。

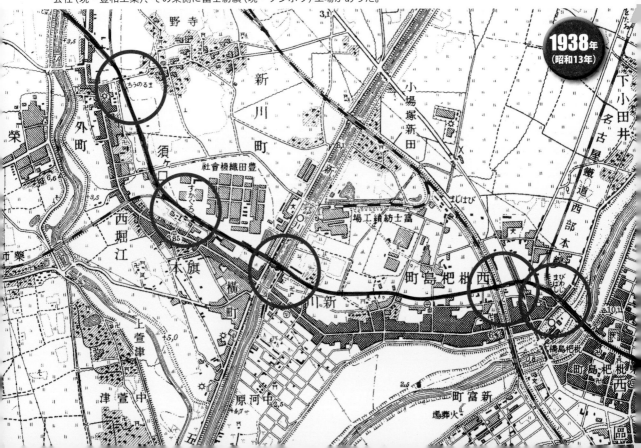

1938年（昭和13年）

須ケ口
すかぐち

開業 1914（大正3）年1月23日　**所在地** 愛知県清須市須ケ口1725

須ケ口駅は現在、名鉄本線と津島線の接続駅となっている。1914（大正3）年1月、名古屋電気鉄道の津島線が枇杷島橋駅～新津島（現・津島）間で開通し、須ケ口駅が中間駅として開業している。同年9月には、この須ケ口駅から清洲（後の清洲町）駅まで延びる清洲線が開通して、接続駅となった。その後、所属は名古屋電気鉄道から名古屋鉄道（初代）、名岐鉄道、現・名古屋鉄道（二代目）と変わっていくことになる。1928（昭和3）年4月、丸ノ内～須ケ口が複線化されて名岐線（現・名古屋本線）となり、1941（昭和16）年8月には須ケ口～枇杷島橋間も名岐線に編入されて、現在の分岐駅の形となった。

現在の須ケ口駅の構造は、島式ホーム2面4線をもつ橋上駅であり、1988（昭和63）年から橋上駅舎が使用されて、駅ビルも誕生した。ミュースカイ、快速特急は通過し、一部の特急と快速急行、急行、準急、普通が停車する。この駅の南東には名鉄の車両基地、犬山検査場新川検車支区が併設されている。この施設は1929（昭和4）年に新川車庫として開設され、新川工場となった後、現在は犬山検査場の下部組織となっている。

「須ケ口」の地名は、「清洲（清須）」の入り口を意味しており、織田信長の居城だった清洲城の外濠があった場所である。現在、この駅の北側には工作機械などを作る機械メーカー、豊和工業の本社、工場が広がっている。この会社は1907（明治40）年に豊田式織機株式会社として創立され、1945（昭和20）年に現在の社名となった。この会社の北東、新川沿いには清須市役所が置かれている。

1988（昭和63）年から6階建ての駅ビルと駐車場が誕生して、橋上駅舎になった須ケ口駅。ホーム構造は島式2面4線で、これは南口の風景である。

大規模な改良工事が行われる前の須ケ口駅。気だるい夏の日の午後、乗客の少ない時間帯はどことなくのんびりとした空気が漂っていた。◎須ケ口　1982（昭和57）年6月　撮影：寺澤秀樹

「いもむし」の愛称がある1937（昭和12）年製造の流線形3400系津島行き。車体更新前で製造時の形態である。登場時は2両だったが戦後に4両編成化。手前（豊橋方）からモ3400-サ2450-モ3450-ク2400だが編成両端にパンタグラフがある。バックは豊和工業の工場。
◎須ヶ口　1966（昭和41）1月6日　撮影：阿部一紀

食パン型正面の独特なスタイルの荷物電車デニ2000形2001（1形式1両）。元愛知電気鉄道のモ3250形3251は車体の腐食がひどくなったため、1953（昭和28）年に名古屋車両工業で車体を新製して荷電となった。1969年に廃車。
◎須ケ口　撮影：阿部一紀

配線変更前の須ケ口駅ホーム。津島線から本線を経由して三河線蒲郡へ直通する7300系2両の蒲郡行き特急。7300系は
1971（昭和46）年にAL車（3800系）の台車、機器を転用し車体を新製して支線直通特急に投入された。パノラマ車体と旧形
台車がアンバランスだった。◎須ケ口　1975（昭和50）年6月21日　撮影：荻原二郎

本線と津島線の分岐駅須ケ口で並ぶ3730系。写真中央のク2747-モ3747は準急常滑行き（新名古屋経由）、右がク2752-モ3752の佐屋行き。3730系は3700系とともにHL車（手動進段制御車）と呼ばれる。構内踏切を乗客が横断している。
◎須ケ口　1978（昭和53）年9月23日　撮影：荻原二郎

現在は方向別配線・橋上駅となっている須ケ口駅、元々は線路別配
線で各ホームと改札口は新名古屋寄りにある構内踏切で結ばれてい
た。名古屋本線←→津島線の乗り換え旅客は構内踏切を渡って行き
来していた。◎須ケ口　1982（昭和57）年6月　撮影：寺澤秀樹

HL車3700系（モ3720-ク2720）の津島線普通電車。3700系は1957（昭和32）～63年に木造車を鋼体化（車体を新造、台車および機器を再利用）して登場。当初はロングシートだが後に転換クロスシート化。塗装は当時の5500系などと同様のクリームとマルーン。◎須ケ口　1966（昭和41）年1月6日　撮影：阿部一紀

もと名岐鉄道の名車モ800形（登場時はデボ800形）モ804の新岐阜行き普通。800系は1935（昭和10）年に登場し、名古屋～岐阜間で特急として運行。登場時はクロスシート、両運転台。戦時中にロングシート化され戦後に一部を除き片運転台化された。◎須ケ口　1966（昭和41）年1月6日　撮影：阿部一紀

須ケ口にあった新川工場（現・犬山検査場新川検査支区）構内の凸形電気機関車デキ111。1951（昭和26）年に須ケ口から専用線があった東洋紡の工場入換え用として日本鉄道自動車で製造。名鉄に引き継がれデキ111となり、遠州鉄道ED213を経て福井鉄道デキ３となった。◎新川工場　1966（昭和41）年１月６日　撮影：阿部一紀

新川工場時代の検修建屋。3880系・6000系・キハ8000
系の姿が見える。2005（平成17）年には大規模な改修工事
が完成し、この当時の風景は過去のものとなってしまった。
◎新川工場　1982（昭和57）年6月　撮影：寺澤秀樹

青色ベースとなる以前の電気機関車の塗色は黒色がベースとなっていた。写真のデキ378、晩年は舞木検査場の入換機とし
て余生を送っていたが、特別整備は行われず最後まで黒色ベースの塗色を維持していた。
◎新川工場　1982（昭和57）年6月　撮影：寺澤秀樹

特別整備を受けて青色ベースの塗色となったデキ303が救援貨車を従えて新川工場の側線で待機していた。デキ303は解体されずに舞木検査場の入換機扱いとなり、本線走行はできなくなったが、現在でもその姿を見ることができる。
◎新川工場　1996（平成8）年3月　撮影：寺澤秀樹

デキ600型は馬力が強く貨物輸送に重用され、貨物輸送終了後はレール・砕石などの工事列車で活躍した。デキ600型も特別整備が実施された際に青色ベースの塗色となり、2015（平成27）年まで本線を走行する姿が見られた。◎新川工場　1996（平成8）年3月　撮影：寺澤秀樹

丸ノ内 まるのうち

開業 1914（大正3）年9月22日　**所在地** 愛知県清須市清洲1942-7

　須ケ口駅で津島線と分かれた名鉄本線は北西に進み、丸ノ内駅に至る。この丸ノ内駅は1914（大正3）年9月、名古屋電気鉄道清洲線の途中駅、丸之内駅として開業している。1928（昭和3）年4月、名岐線（現・名古屋本線）の丸之内〜西清洲（現・新清洲）が開通し、名岐線と清洲線の接続駅となった。この後、丸ノ内駅と駅名を改称し、太平洋戦争中に清洲線が休止し、戦後に廃止されたことで、現在は名古屋本線の単独駅となっている。

　丸ノ内駅の所在地は、清須市清洲であり、駅の南側には丸ノ内という字が広がっている。「丸ノ内」という地名は、清洲城の内部であったことを示している。現在、清洲城天守閣が再現されているのは、この駅の西側を流れる五条川の上流にあたる東海道本線、東海道新幹線の橋梁が架かる付近で、川を挟んで清洲古城跡公園、清洲公園も存在する。

　清洲城は室町時代の1405（応仁2）年、尾張守護だった斯波義重が築城したとされ、1478（文明10）年に守護所が移されて、尾張国の中心地となった。織田信長の父・信秀が入城したこともあり、その後、信長が那古野城から移ってきて大改修を行い、小牧山城に移るまで居城としていた。この城が再び歴史の舞台となるのが、本能寺の変後の1582（天正10）年に開かれた清洲会議で、信長以後の織田家の行く末を決める話し合いがもたれた。この後、清洲城は信長の二男・信雄の居城となり、福島正則、徳川家康の九男・義直が入った後、名古屋への遷府（清洲越し）が実施され、廃城となった。現在は五条川を挟んで、信長の銅像が建つ清洲公園、清洲城跡顕彰碑がある清洲古城跡公園と、1989（平成元）年に清須市清洲地域文化広場に建設された鉄筋コンクリートの模擬天守が存在する。

相対式ホーム2面2線にそれぞれ駅舎をもつ丸ノ内駅。これは西側下り線（岐阜方面）の駅舎である。改札内には、両ホームを結ぶ通路などは存在しない。

名鉄初の高性能車5000系。モノコック構造の丸みを帯びた車体が特徴だった。廃車後、一部の車両の台車・主電動機などの主要機器は5300系に再利用された。◎丸ノ内〜新清洲　1982（昭和57）年6月　撮影：寺澤秀樹

新清洲 しんきよす

開業 1928（昭和3）年2月3日　**所在地** 愛知県清須市新清洲1-1-1

　このあたりでは、名鉄本線は東海道本線、東海道新幹線の南側をほぼ並行して走っている。この新清洲駅の北では、東海道新幹線がカーブする形となり、次の大里駅付近で名鉄本線と交差している。次の大里駅は稲沢市内にあるため、清須市内の駅について、少し整理しておきたい。名鉄本線では、西枇杷島駅から新清洲駅まで6駅が存在し、犬山線には下小田井駅が置かれている。このうち、清須市の中心駅となっているのは津島線との分岐点となる須ヶ口駅である。

　また、名鉄にはかつて清洲線が存在していた。清洲線の終点駅は、清洲町駅だったが、1914（大正3）年の開業時は清洲駅と名乗っており、1934（昭和9）年2月に駅名を改称している。駅名が改称された理由は、国鉄（現・JR）の東海道本線に新駅として、現在の清洲駅が誕生したからである。このJR清洲駅は稲沢市内に置かれているが、明治時代には清須市内に初代清洲駅があった歴史もある。この初代清洲駅は1886（明治19）年4月に開業し、1906（明治39）年4月に現在地に移転して、枇杷島駅と改称している。一方、名鉄の清洲町駅は1944（昭和19）年6月に休止、戦後に廃止されている。

　現在の新清洲駅は1928（昭和3）年2月、国府宮支線の国府宮〜西清洲間が開業した際に誕生し、同年4月に丸ノ内〜西清洲間が開業して同線が名岐線（現・名古屋本線）に編入されたことで、本線の駅となった。開業時の駅名は西清洲駅で、1948（昭和23）年5月に現在の駅名に改称している。駅の構造は、島式2面4線の地上駅で、快速特急、特急などは通過し、快速急行、急行、準急、普通が停車する。

　増田口駅はかつて、西清洲（現・新清洲）〜大里間に存在した。1928（昭和3）年2月に開業し、太平洋戦争中の1944（昭和19）年に休止、1969（昭和44）年に廃止された。この駅名は当時の大里村増田（現・稲沢市増田）の地名に由来するが、駅は清洲町（現・清須市）西市場に置かれていた。

駅前にかなり広いスペースが広がっている新清洲駅西口の風景である。この手前には、新清洲駅南自転車等駐車場が整備されている。

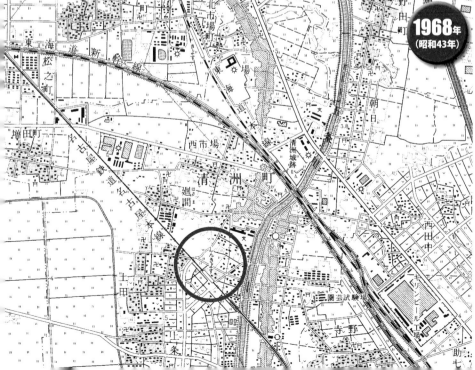

1968年（昭和43年）

名鉄の名古屋本線には、左上（北西）に大里駅、中央やや下に新清洲駅が置かれている。この時期は清洲町であり、新清洲駅付近に町役場が存在した。現在は清須市となり、新川橋駅の北側に市役所が置かれている。地図の右下（南東）に見えるキリンビール名古屋工場は現在も操業しており、工場見学なども行われている。

大里
おおさと

開業 1928（昭和3）年2月3日　　**所在地** 愛知県稲沢市奥田町三十番神7133-1

新清洲駅を出た名鉄本線は、名古屋環状2号線の下を通って、北西に進んでゆく。西枇杷島駅で交差した東海道新幹線が、再びこの名鉄本線と交わる場所に置かれているのが大里駅である。この駅の読み方は「おおさと」だが、福岡県にある門司駅はかつて「大里（だいり）駅」と呼ばれていたことがある。1928（昭和3）年2月、国府宮支線の国府宮〜西清洲（現・新清洲）間が開通した際に誕生しているが、このときには西清洲駅との間に、先述した増田口駅も開業している。

現在の大里駅が開業したときの駅名は「大佐土」の表記で、「おおざと」と呼ばれていた。「大里」の駅名に変わるのは1943（昭和18）年11月である。現在の駅の構造は相対式ホーム2面2線の地上駅である。特急などは通過、快速急行と急行の一部、準急、普通が停車する。JR東海道本線には、この大里駅の東、約1.5キロの場所に清洲駅が置かれている。この清洲駅は二代目で、1934（昭和9）年2月に枇杷島（初代清洲）〜稲沢間に新設されている。この清洲駅は稲沢市内に位置しているが、すぐ東側は清洲市内となる。一方、大里駅の西側には、福田川の流れがある。稲沢市内に発して南に流れるこの福田川は、日光川（萩原川）の支流で、日光川はやがて伊勢湾に注ぐこととなる。

8両編成に対応した相対式ホーム2面2線を有する大里駅。1階にある駅舎の階上部分にはマンションが入っている。

鉄仮面の愛称がある6500系の準急新一宮（現・名鉄一宮）行き。木造駅舎は現在では建て替えられ、マンションが併設されている。新幹線と交差し100系が通過。東海道山陽新幹線と民鉄との交差は名鉄が6か所で、阪急の7か所に次いで多い。
◎大里　1990（平成2）年5月18日　　撮影：安田就視

奥田
おくだ

開業 1928（昭和3）年2月3日　**所在地** 愛知県稲沢市奥田大門町木之内2195-4

　お隣の大里駅は稲沢市奥田町に置かれていたが、この奥田駅は稲沢市奥田大門町に存在している。現在の稲沢市は1958（昭和33）年に稲沢町が市制を施行して成立した。それ以前、1955（昭和30）年までは、稲沢町とともに大里村、千代田村、明治村があり、1906（明治39）年に奥田村、市田村など5つの村が合併して、大里村となった歴史がある。奥田駅の開業は、新清洲駅、大里駅と同じ1928（昭和3）年2月である。現在の駅の構造は相対式ホーム2面2線の地上駅で、普通だけが停車する。

　奥田駅の西側には、県立稲沢東高校が存在する。この高校は1971（昭和46）年に開校している。また、この北西には、名古屋文理大学と稲沢市荻須記念美術館が置かれている。名古屋文理大学は1941（昭和16）年に創立された農林省財団食糧科学研究所から出発し、1966（昭和41）年に名古屋栄養短期大学が開学した。この短大が名古屋文理短期大学と改称し

た後、1999（平成11）年、稲沢市に開学したのが名古屋文理大学である。また、荻須記念美術館は愛知県長谷村（現・稲沢市）に生まれて、パリで活躍した洋画家、荻須高徳の個人美術館で、1983（昭和58）年に開館している。

1928（昭和3）年2月に開業した奥田駅は、普通列車のみの停車駅で1日の乗車人数もそれほど多くはない。駅の構造は相対式ホーム2面2線の地上駅である。

最高速度110km/hで疾走する5500系。名古屋本線の急行運用は5500系の韋駄天ぶりが発揮できる運用だった。
◎大里〜奥田　1982（昭和57）年6月　撮影：寺澤秀樹

本線の大里駅を通過するパノラマＤＸ8800系。8800系
は1984（昭和59）年および1987年に4編成8両が登場。
1989（平成元）年に中間車サ8850を中間に挟んで3両化。
バブル景気が去った1992（平成4）年11月にDX特急は廃
止され、支線直通特急に転用された。
◎大里　1990（平成2）年5月18日　撮影：安田就視

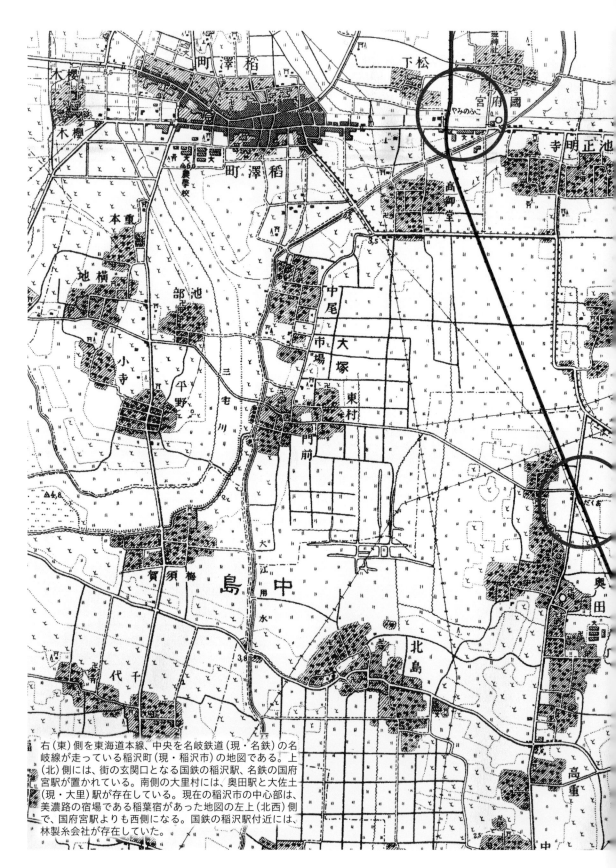

右（東）側を東海道本線、中央を名岐鉄道（現・名鉄）の名岐線が走っている稲沢町（現・稲沢市）の地図である。上（北）側には、街の玄関口となる国鉄の稲沢駅、名鉄の国府宮駅が置かれている。南側の大里村には、奥田駅と大佐土（現・大里）駅が存在している。現在の稲沢市の中心部は、美濃路の宿場である稲葉宿があった地図の左上（北西）側で、国府宮駅よりも西側になる。国鉄の稲沢駅付近には、林製糸会社が存在していた。

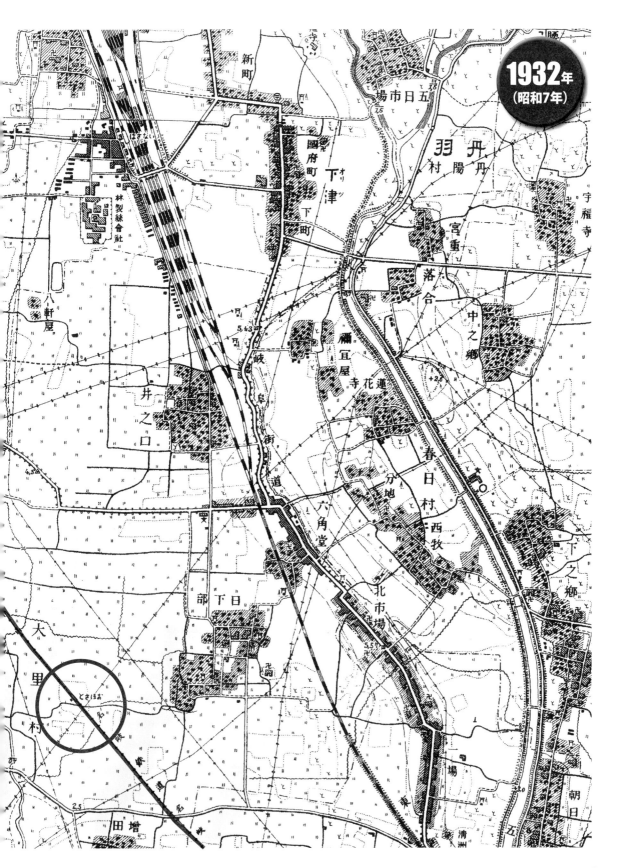

1932年
（昭和7年）

国府宮
こうのみや

開業 1924（大正13）年2月15日　**所在地** 愛知県稲沢市松下1-1-1

　この国府宮駅は、稲沢市の代表駅で、JR東海道本線の稲沢駅よりも利用者が多い駅である。このあたりの名鉄本線は、東海道本線とほぼ並行して走っているが、両駅の距離はかなり離れている。一方、東海道新幹線はさらに距離がある西側を通っている。

　「国府宮」という駅名は古代、尾張国の国府（国衙）があったことに由来する。この駅の西側、松下2丁目にある松下公民館の奥に「尾張国衙址」の石碑と祠が建てられている。また、駅の北東には「はだか祭り」で有名な尾張大國霊（国府宮）神社が鎮座しており、このあたり一帯は尾張国の国府があった場所として、発掘調査なども行われている。平安時代の11世紀初め、歌人として有名な赤染衛門は、夫の大江匡衡が国司となって赴任した際にこの地を訪れており、付近には二人の歌碑も残されている。また、用水を整備するなど善政を敷いたといわれる匡衡の姓を採った大江川（用水）が稲沢市内を流れて、名鉄本線は国府宮駅の南側でこの川を渡ることとなる。

　国府宮駅は1924（大正13）年2月、名鉄の前身のひとつである尾西鉄道が中村線の国府宮〜新一宮間を開通した際に開業している。翌年（1925）年8月、名古屋鉄道が尾西鉄道を買収して国府宮支線となった。1928（昭和3）年2月には西清洲（新清洲）〜国府宮間が開通して、名岐線と改称されている。駅名については「こうふのみや」と呼ばれた時期もあったが、後に「こうのみや」で統一されている。現在

の駅の構造は、島式ホーム2面4線の地上駅で、地下改札口と橋上改札口が設けられている。ミュースカイ、快速特急、特急ほかの全列車が停車する。

　ところで、この稲沢市は植木の生産が盛んなことでも知られている。鎌倉時代末期に市内の僧侶が中国から接ぎ木の技術を持ち帰り、近隣の農家に伝授したことが由来とされ、埼玉・川口などとともに国内四大産地のひとつとされてきた。尾張大國霊神社の参道及び境内では、1973（昭和48）年から毎年4月に市内の植木・苗木などの生産農家が参加して、植木・盆栽・観葉植物などを展示販売する「いなざわ植木まつり〜グリーンフェスティバル」が開催されてきた。

2010（平成22）年12月に橋上駅舎に変わった国府宮駅。岐阜側には毎年2月頃、「国府宮はだか祭」の際に使用される臨時改札口が存在する。

稲沢市の代表駅の国府宮は全列車が停車する名古屋本線の主要駅である。稲沢市は古代では、尾張国の国府が置かれるなど政治の中心都市であった歴史をもつ。◎国府宮　2020（令和2）年2月

「はだか祭」で知られる尾張大國霊神社の入口。1963（昭和38）年に国府宮駅は駅ビルとなり名鉄バス営業所、電車バスの乗務員宿舎も併設された。1階には名古屋ショッピ（現・パレマルシェ）が入居。「ショッピ」は「ショップ」の意味で、名古屋独特の言い方である。現在は地下道と跨線橋で上下ホームが連絡されている。
◎国府宮　1963（昭和38）年3月23日　撮影：荻原二郎

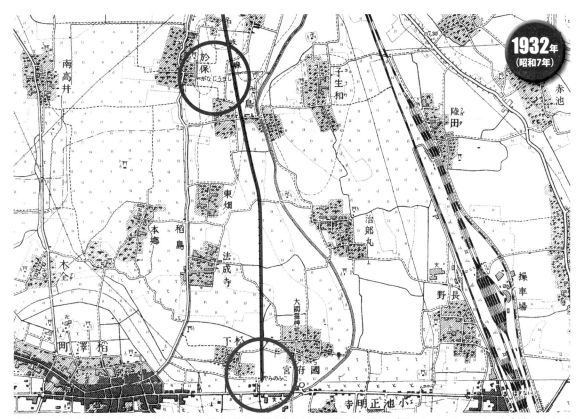

中央下の国府宮駅から北に延びる名古屋本線（当時は名岐線）には、北側に島氏永駅が置かれている。一方、右（東）側を走る東海道本線には稲沢駅があり、その北側に稲沢操車場が存在した。国府宮駅のすぐ北に鎮座する尾張大國霊神社は、勇壮な裸の男たちが繰り広げる、国府宮はだか祭りで全国に広く知られている。

国府宮に到着する5500系 6両の急行神宮前行き。5500
系は1959（昭和34）年に登場した料金不要列車としては
わが国初の冷房車で「大衆冷房車」といわれ、塗色はパノ
ラマカー登場前の特急色であるピンクとマルーン。駅構
内の広告が昭和30年代を感じさせる。
◎国府宮　1963（昭和38）年 3月23日　撮影：荻原二郎

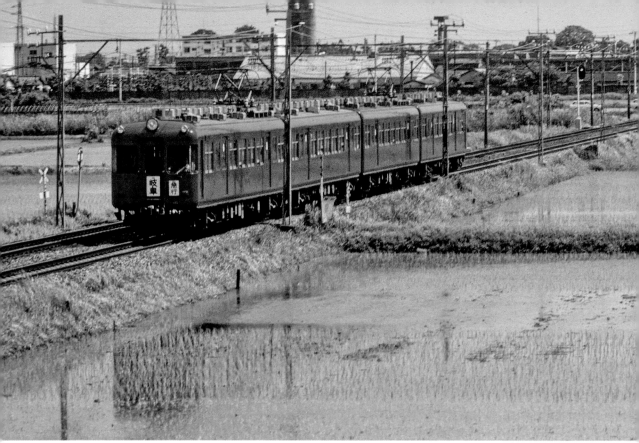

田植え直後、初夏を感じる風景の中を5500系が駆け抜ける。オールマイティー車両の5500系は1500Vの各線で縦横無尽の活躍が見られた。◎国府宮～島氏永　1982（昭和57）年6月　撮影：寺澤秀樹

7000系は特別整備が進められており、前面の逆富士型種別・行先表示が自動化された車両を目にする機会も多くなっていた。◎国府宮～島氏永　1988（昭和63）年6月　撮影：寺澤秀樹

スカーレットに白帯は3種類のリバイバルカラーのうち最後に登場した。細めの白帯が入っただけで大きくイメージが変わった。◎国府宮～島氏永　2003（平成15）年9月28日　撮影：寺澤秀樹

2003（平成15）年の夏、最後に残った5500系2両×3本が3種類のリバイバルカラーに復刻された。同じ年の秋には「甦る5500系」イベントの一環でリバイバルカラー3本を連結し、定期の新岐阜～豊川稲荷間の急行運用に充当、毎回連結順序を変えるなど、ファン心をくすぐる対応が実施された。◎国府宮～島氏永　2003（平成15）年10月　撮影：寺澤秀樹

島氏永 しまうじなが

開業 1928（昭和3）年1月24日
所在地 （上り）愛知県一宮市大和町氏永下垂534-3　（下り）愛知県稲沢市島町北浦162

この島氏永駅は、駅の南側の島地区、北側の氏永地区という2つの地名を合わせた駅名を称している。もともとは1924（大正13）年2月、尾西鉄道が中村線を開通した際には、稲沢町島に島駅、大和村氏永に氏永駅という2つの駅が置かれていた。その後、名古屋鉄道が尾西鉄道を買収して国府宮支線と変わった後、1928（昭和3）年1月に両駅が統合されて、現在地に大和駅が誕生した。1930（昭和5）年9月に、現在の駅名に改称した。

こうしたいきさつがあって、現在の駅は相対式ホーム2面2線のうち、上りホームと下りホームが踏切（道路）を挟んだ、南北の反対側に設置される千鳥配置となっている。所在地も上り駅舎が一宮市大和町、下り駅舎が稲沢市島町と、市境を挟んで分かれる形である。快速特急、特急などは通過し、普通のみが停車する。

駅北側は1955（昭和30）年に一宮市に編入される前は大和町で、1951（昭和26）年までは大和村だっ

た。さらにさかのぼれば、1906（明治39）年に三輪村、妙興寺村、高井村などが合併して、苅安賀村が誕生。1908（明治41）年に大和村と改称していた。こうした村名のうち、「妙興寺」は名古屋本線の隣駅、「苅安賀」は尾西線の駅名として残っている。

一宮市大和町氏永に置かれている島氏永駅の上り線（名古屋方面）の駅舎である。下り線（岐阜方面）の駅舎は稲沢市島町に位置している。

駅員無配置駅では車掌の集札が日常の光景だった。
SF化にともなう駅集中管理システムの導入により、
このような光景も過去のものとなってしまった。
◎島氏永　1982（昭和57）年6月　撮影：寺澤秀樹

名古屋本線の普通電車しか停車しない駅員無配置駅の典型
的な雰囲気を醸し出している島氏永駅。かつては島駅と氏
永駅が存在していたが、駅を統合して大和駅としてスター
トした後、駅が存在していたそれぞれの集落の地名を組み
合わせて島氏永と改称したのが駅名の由来となっている。
◎島氏永　1982（昭和57）年6月　撮影：寺澤秀樹

妙興寺

みょうこうじ

開業 1924（大正13）年2月3日　　**所在地** 愛知県一宮市大和町妙興寺北浦宮地48

　稲沢市から一宮市に入った名鉄本線は、さらに名鉄一宮駅方面に向かって北進してゆく。これまで離れていたJR東海道本線、名鉄尾西線が東西から接近して、やがて名鉄一宮・尾張一宮駅で接続・連絡することとなる。

　かつては村名にもなっていた妙興寺は、臨済宗妙心寺派の古刹である。ここには、いまでは妙興寺廃寺と呼ばれる奈良時代以前からの古代寺院があり、一旦は廃寺となるが、南北朝時代の1348（貞和4）年に再び創建されて、1365（貞治4）年に伽藍が整った。ところが、この伽藍も戦国の騒乱の中で荒廃し、1590（天正18）年に豊臣秀次・秀吉によって再興され、妙心寺の末寺となった。現在、室町時代の創建とされる勅使門が国の重要文化財に指定され、総門は江戸時代に名古屋城から移築されている。耕雲院、種玉院など5つの塔頭をもつ境内は広大で、「尾張の正倉院」と呼ばれるほど文化財も多く、境内には一宮市博物館が設置されている。この寺の僧侶が始めたとされる、妙興寺そばも有名である。

　妙興寺駅は、1924（大正13）年2月の開業である。1993（平成5）年2月に高架化され、現在は相対式ホーム2面2線の高架駅となっている。快速特急、特急、急行などは通過し、普通のみが停車する。この妙興寺駅と次の名鉄一宮駅の間には、花池駅が存在した時代があったが、昭和初期に廃止されている。

　妙興寺駅の南西には、名神高速道路と東海北陸自動車道が結ばれる一宮ジャンクションが存在する。東海北陸自動車道はここから北上し、苅安賀駅と観音寺駅との中間で名鉄尾西線を越えてゆく。なお、一宮ジャンクションの南側は西尾張中央道となって、伊勢湾方面まで続いている。

高架下に設けられている妙興寺駅の改札口付近の風景である。1993（平成5）年2月に高架化され、相対式ホーム2面2線を有している。

名鉄一宮
めいてついちのみや

開業 1900（明治33）年1月24日　**所在地** 愛知県一宮市新生1-1-1

この名鉄一宮駅は、名古屋本線の主要駅のひとつで、JR東海道本線の尾張一宮駅との接続駅である。両駅は並列して設置されて一体的なターミナル駅となり、一宮総合駅とも呼ばれている。歴史的には、官設鉄道（現・東海道本線）の一ノ宮（現・尾張一宮）駅が一早く、1886（明治19）年5月に開業している。

名鉄一宮駅は1900（明治33）年1月、尾西鉄道の一ノ宮駅として開業。すぐに新一宮駅に駅名改称を行った。尾西鉄道は1898（明治31）年2月、津島から森上へ達し、翌年1月新一宮まで延伸した。この路線は現在、尾西線となっている。現・名古屋本線の路線は、1924（大正13）年2月に中村線の新一宮〜国府宮間が開通している。その後、この区間は国府宮支線となり、名岐線をへて、名古屋本線となった。2005（平成17）年1月、現在の駅名である「名鉄一宮」に改称している。

名鉄・JRの一宮駅は、県内第4位の人口約37万9000人を誇る、一宮市の玄関口となっている。1921（大正10）年、一宮町が市制を施行して一宮市が成立した。歴史をさかのぼると、尾張地方を治めた尾張氏が、祖先とされる天火明命を祀った真清田神社にたどりつく。駅の北東に鎮座する真清田神社は、尾張一宮と呼ばれるようになって、門前町が発展した。古くから繊維産業が盛んであり、明治維新後は毛織物の生産が中心となった。7月に開催される、おりもの感謝祭一宮七夕まつりは、1956（昭和31）年に始まった一宮の夏の風物詩となっている。

名鉄一宮駅は現在、名古屋本線と尾西線の接続駅であるが、かつては路面電車の起（おこし）線とも連絡していた。この起線は1924（大正13）年2月、蘇東線の起〜一宮（後の八幡町）間が開通。その後、尾西鉄道（尾西線）と線路を共用する形で新一宮（現・名鉄一宮）駅に乗り入れていた。さらに起線と名称を改めた後、1953（昭和28）年6月に運行を休止し、1954（昭和29）年6月に廃止されている。

現在の名鉄一宮駅の構造は、島式ホーム2面4線をもつ高架駅となっており、ホーム上は駐車場として利用されている。1995（平成7）年7月に高架化される前は、同様に島式ホーム2面4線の地上駅で、尾張一宮駅との共同使用駅となっていた。2000（平成12）年10月には、西口側に名鉄百貨店一宮店が開店している。また、高架化に伴い、駅の南側梅ケ枝公園が誕生している。この公園は梅の花が植えられ、噴水広場があるほか、鉄道をテーマにして、汽車と駅舎の遊具が設置されている。また、展望塔が建てられており、JR東海道本線、名鉄名古屋本線、尾西線の3線が分岐し、それぞれの列車が進んでゆく景色を眺めることができる。

電光掲示板が設置されている名鉄一宮駅の改札口。JRの尾張一宮駅と一体した一宮総合駅とも呼ばれており、名古屋線ホームの上は駐車場として利用されている。

登場3年目の7000系パノラマカーによる上り豊橋方面行き。先頭車前面に「Phoenix」と書かれた金色のエンブレムがあるだけで、行先表示はなくすっきりしている。左は東海道本線。国鉄、名鉄ともに地上線である。
◎新一宮　1963（昭和38）年1月3日　撮影：野口昭雄

国鉄の尾張一宮駅の西側（反対側）にあった名鉄の新一宮駅。国鉄とは共同使用で、中間改札がなかった。1993（平成5）年2月に高架化され、JRとは改札が分離された。「特急10分毎に運転」の看板が見える。2005（平成17）年1月には名鉄一宮に改称された。◎新一宮　1972（昭和47）年3月10日　撮影：荻原二郎

「なまず」と呼ばれる流線形850系ク2352-モ852の普通豊川行き。名鉄の車両運用は複雑で予測が難しく、なかなか撮影できずに撮り鉄からは「なまずを捕まえるのは難しい」といわれた。左は東海道本線。JRは1989（平成元）年に高架化された。◎新一宮　1972（昭和47）年3月10日　撮影：荻原二郎

地上駅時代の新一宮駅は国鉄の尾張一宮駅と中間改札のない共同使用駅になっており、名鉄側にも古風な駅舎が存在していた。◎新一宮　1982（昭和57）年6月　撮影：寺澤秀樹

3900系（最後部はモ3901）の急行新岐阜行き。3900系は1952（昭和27）年、3850系の改良型として蛍光灯照明で登場した固定クロスシート車。運転台直後もクロスになっている。写真右側は国鉄ホームで、ボギー貨車が見える。
◎新一宮　1958（昭和33）年11月3日　撮影：荻原二郎

イモムシと呼ばれた流線形3400系の準急太田川行き。最後部はク2403（制御車）だがパンタグラフがある。ホームに名古屋まで15分の装飾。1972（昭和47）年3月から国鉄では浜松〜米原間に153系快速が登場したが、1時間に1本の運転であり、名鉄の競争相手ではなかった。
◎新一宮　1972（昭和47）年3月10日
撮影：荻原二郎

パノラマカーが113系の普通電車を猛追する。新一宮〜新木曽川間は東海道本線との並行区間で、7000系の展望席ではたびたびこのような迫力あるシーンが展開された。前面展望のコンセプトは進化を遂げて8800系・1000系に受け継がれた。
◎新一宮〜今伊勢　1982（昭和57）年6月　撮影：寺澤秀樹

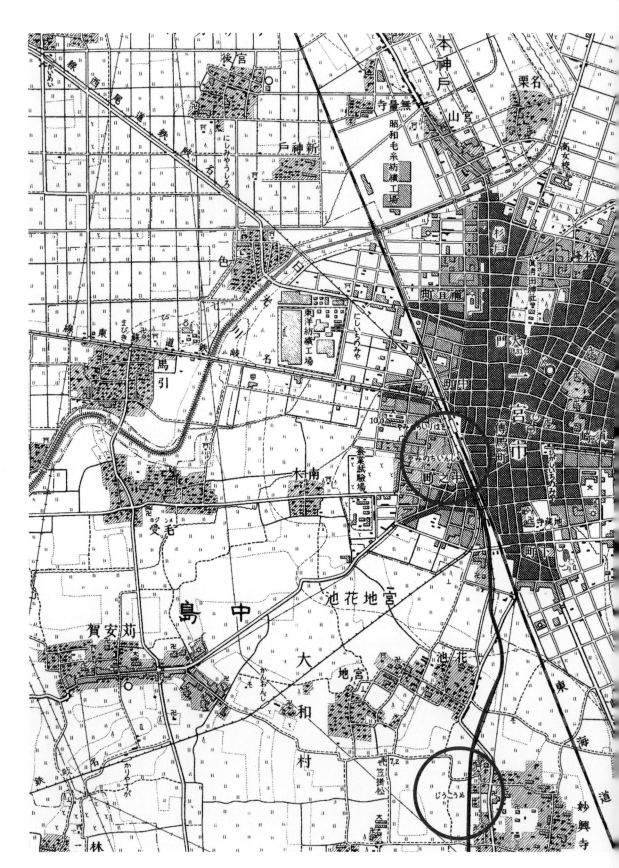

1932年
（昭和7年）

名岐鉄道（現・名鉄）に新一宮（現・名鉄一宮）駅、東海道本線に尾張一宮駅が置かれている、新一宮駅からは尾西線が分岐しており、西一宮駅、西宮後（にしみやうしろ）駅、開明駅が置かれている。西宮後駅は、1924（大正13）年に宮後駅として開業し、1944（昭和19）年に休止、戦後に廃止された。織物の街・一宮の市街地の北西には昭和毛糸紡績工場、東洋紡績工場があり、東側には大日本紡績工場が存在した。

【一宮駅周辺】
名鉄、国鉄のホームが並ぶ地上駅時代の名鉄一宮駅、尾張
一宮駅付近の空撮で、この当時の名鉄の駅は新一宮駅を名
乗っていた。両駅はこの写真で見える跨線橋とともに地
下道でも結ばれていた。この後、平成年間に入って両駅の
改築・高架化、駅周辺の連続立体交差事業が行われて、現
在のような一宮総合駅（高架駅）の姿となる。下（西口）側
には2000（平成12）年、名鉄百貨店一宮店が開店している。
◎1977（昭和52）年4月13日　提供：朝日新聞社

1977年
（昭和52年）

1955年
(昭和30年)

【一宮市街地】
1955 (昭和30) 年 9 月の愛知県一宮市の
市街地の空撮写真である。右側を走るの
が名鉄名古屋本線、国鉄東海道本線で、右
上に名鉄の新一宮 (現・名鉄一宮) 駅、国
鉄の尾張一宮駅が見える。尾張一宮駅は
太平洋戦争の空襲で焼失したため、1952
(昭和27) 年に民衆駅として再建された。
手前 (北側) には日光川が流れており、2
つの鉄道線が川を渡る付近には野黒公園
が開園している。◎1955 (昭和30) 年9月
提供：朝日新聞社

今伊勢
いまいせ

開業 1935（昭和10）年4月29日　**所在地** 愛知県一宮市今伊勢町宮後壱丁野40-2

名鉄一宮駅を出た名古屋本線は、JR東海道本線のすぐ西側を並んで進んでゆく。次なる今伊勢駅は、一宮市の今伊勢町に置かれている。駅の開業は1935（昭和10）年4月で、1952（昭和27）年10月に現在地に移転している。かつては上下線の連絡に踏切を使っていたが、1985（昭和60）年ごろに跨線橋に変わった。現在の駅の構造は相対式ホーム2面2線の地上駅で、快速特急、特急、急行などは通過し、普通のみが停車する駅である。

この駅の東は岐阜街道（愛知県道190号）が走っており、その東側には一宮市立今伊勢小学校が置かれている。また、駅の西には今伊勢中学校、今伊勢西小学校があるなど、この周辺一帯の広い区域が今伊勢町となっている。ここには伊勢神宮の神戸（神社の領地）があった歴史があり、明治時代には愛知県中島郡に神戸村が存在した。これは、江戸時代から続く本神戸村と新神戸村が1889（明治22）年に合併

して、神戸村が成立。1906（明治39）年に開明村、馬寄村と合併して、今伊勢村と変わるまで存在した。現在の今伊勢小学校は1873（明治6）年、攻堅学校として開校した古い歴史があり、戦前には新神戸尋常小学校を名乗っていた。

相対式ホーム2面2線を有している今伊勢駅は、ホームは短く4両編成の列車しかドアを開けることができない。1985（昭和60）年に跨線橋が設けられた。

長閑な雰囲気漂う今伊勢駅。2番線ホームは隣接する東海道本線との間にあるため、ホームはかなり狭く、過去に存在した阪神電鉄の春日野道駅や現在の阪急電鉄中津駅に匹敵する。◎今伊勢　2020（令和2）年2月

石刀 いわと

開業 1935（昭和10）年4月29日　　**所在地** 愛知県一宮市今伊勢町馬寄西流19-1

　次の石刀駅も一宮市今伊勢町に置かれている。今伊勢駅との駅間も0.9キロと短くなっている。この石刀駅は1935（昭和10）年4月、馬寄駅として開業している。先述したように、このあたりが一宮市、今伊勢村（町）になる前には、馬寄村が存在しており、そこから採られた駅名である。

　現在の駅名の「石刀」は駅の東側に鎮座する石刀神社に由来している。同じ一宮市浅井町にも石刀神社が存在するが、今伊勢町の石刀神社は崇神天皇の時代、石刀社として創建されたという。1600（慶長5）年、関ヶ原合戦に向かう徳川家康がここに陣を置いた際、社殿が破損したため、1608（慶長13）年に再建された。この再建を祝って始まり、現在まで続いているのが石刀祭りである。江戸時代に伊勢神宮の分社を合祀したため、三明神社と改称されていたが、1938（昭和13）年に石刀神社となった。その3年後の1941（昭和16）年2月には、駅名も「馬寄」から「石刀」へ改称された。

　石刀駅の構造は、相対式ホーム2面2線をもつ地上駅で、跨線橋が存在する。快速特急、特急、急行などは通過し、普通のみが停車する。この先、名鉄本線は岐阜街道の下をくぐり、さらに東海北陸自動車道の下を通って、新木曽川駅に至る。

跨線橋がのぞく石刀駅の駅舎、改札口は下り線（新岐阜方面）ホームに設置されている。今伊勢駅と同様、1985（昭和60）年にホーム間を結ぶ跨線橋が設けられた。

今伊勢駅同様に東海道本線との間にある2番線ホーム（名鉄名古屋方面）は狭く、JRの列車が通過すると強い風が吹く。
◎石刀　2020（令和2）年2月

新木曽川

しんきそがわ

開業 1935（昭和10）年4月29日　　**所在地** 愛知県一宮市木曽川町黒田三ノ通り203

　一宮市内を北上する名鉄本線は、左に岐阜街道、右にJR東海道本線を見る形で進んでゆく。名鉄には新木曽川駅、東海道本線には木曽川駅が置かれているが、新木曽川駅と北東の木曽川駅との間はかなり距離があり、次の黒田駅の方が近くなっている。この新木曽川駅は快速特急、特急なども停車する主要駅のひとつである。

　「新木曽川」という駅名は、一宮市の北西を流れる木曽川に由来し、北西側には岐阜県笠松町がある。名鉄本線は、2駅先の木曽川堤駅を過ぎて間もなく木曽川を渡り、名鉄竹鼻線との接続駅である笠松駅に至る。1935（昭和10）年4月の開業時、既に東海道本線に木曽川駅があったため、「新」を冠した駅名となった。現在の駅の構造は島式ホーム2面4線をもつ地上駅で、ミュースカイを除き、一部の特急と快速特急、急行、快速急行などが停車する。

　木曽川は、長良川、揖斐川とともに木曽三川と呼ばれる、木曽川水系の本流である。長野県木曽郡木祖村の鉢盛山付近を水源とし、岐阜県、愛知県の濃尾平野を流れて伊勢湾に注ぐ。上流には恵那峡、深沢峡といった有名な峡谷があり、また、犬山城付近の日本ラインも景色のよさで知られている。また、下流地帯では「輪中」と呼ばれる集落を囲む堤防が造られ、水防共同体が形成されてきた。為政者によ

る洪水を防ぐための治水事業もたびたび行われており、明治維新後の1888（明治20）年、木曽・長良・揖斐三大河水利分流計画が実施されると、洪水の被害が大きく減少した。

　新木曽川駅の周辺は、かつての木曽川町で、1910（明治43）年までは黒田町と呼ばれていた。2005（平成17）年に尾西市とともに一宮市に編入されている。この木曽川町は日本画家、川合玉堂の生誕地であり、2001（平成13）年に玉堂生家の跡地に開館した木曽川町立図書館は、2004（平成16）年に玉堂記念木曽川図書館に改称した。現在は、一宮市立玉堂記念木曽川図書館となっている。

島式ホーム2面4線をもつ地上駅となっている新木曽川駅。2016（平成28）年に駅舎上のマンションが取り壊されて、すっきりした姿になった。

踏切事故で車体を焼失したモ3504は、復旧の際に3700系と同様の車体を新造、モ3561としてよみがえった。1型式1両の異端車だったが、見た目は3700系とほとんど変わらなかったため、注目されることは少なかった。◎新木曽川 1983（昭和58）年7月24日 撮影：寺澤秀樹

黒田 くろだ

開業 1936（昭和11）年9月15日　　**所在地** 愛知県一宮市木曽川町黒田西針口北ノ切12-4

　　現在は一宮市木曽川町黒田に置かれている黒田駅。このあたりは2005（平成17）年に一宮市に編入される前は、葉栗郡の木曽川町で、さらにさかのぼれば1910（明治43）年まで黒田町（村）であった。元は黒田町だった場所に1936（昭和11）年9月、開業したのが黒田駅である。この3年後（1939年）には、お隣の木曽川堤駅が続いて開業し、これまでかなり距離があった新木曽川～笠松間には、開通時に開設された東笠松と合わせ三つの中間駅が存在した。しかし東笠松駅は2005年廃止となり現在は2駅となった。

　　この黒田駅の南側で新木曽川駅に近い場所には、一宮市立黒田小学校が置かれているが、ここは戦国時代に黒田城があったとされている。この黒田城は一時、織田氏一族の家老であった山内盛豊が城主を務めており、豊臣秀吉に仕えて後に初代土佐藩主に出世する、山内一豊が生まれた場所ともいわれる。一豊は盛豊の三男であるが、父・盛豊がいた黒田城は織田信長に攻められて落城し、一家は離散していた。

　　現在の黒田駅の構造は、相対式ホーム2面2線をもつ地上駅。特急、急行などは通過し、普通のみが停車する。この駅の西を走る岐阜街道を越えた先には、イオンモール木曽川が存在する。2004（平成16）年に新設された駅舎は、このイオンモールのパーソナルカラーに合わせて、エメラルドグリーンとブルーに塗られている。

独立した駅名看板が設置されている黒田駅の駅前風景で、この駅舎は2004（平成16）年に新設された。駅の開業は1936（昭和11）年である。

白帯が復活した直後の7011F編成。定期運用では普通電車に運用されることが多かったが、週末は毎週のように各種イベント列車に抜擢された。◎黒田～木曽川堤　2008（平成20）年12月14日　撮影：寺澤秀樹

木曽川堤 きそがわづつみ

開業 1939年（昭和14年）3月1日　　**所在地** 愛知県一宮市北方町北方畑下裏34

　木曽川堤駅はその名の通り、木曽川の築堤上に設けられた駅である。愛知県と岐阜県の県境は木曽川の上にあるため、この駅が名鉄本線における愛知側で最後（最北）の駅となっている。ホームの北端付近には堤防道路が走っており、駅を出た列車はすぐに名鉄一長い484.5メートルの木曽川橋梁を渡ることになる。

　木曽川堤駅は1939（昭和14）年3月に開業している。前年（1938年）9月にはお隣の黒田駅が開業し、半年遅れの形でこの駅が生まれたことで、新木曽川～笠松間に新しい2駅が誕生した。現在、岐阜側の隣駅は笠松駅であるが、2005（平成17）年1月まで、対岸に東笠松駅が存在していた。この駅は1935（昭和10）年4月に開業し、70年間にわたり営業していた。この駅は春のお花見シーズンには、奈良津堤を見る人で賑わいを見せていた。

　この木曽川堤駅の現在の構造は、相対式ホーム2面2線をもつ築堤上の地上駅である。快速特急、特急などは通過し、普通のみが停車する駅で、名鉄本線の中では利用客が少ない駅となっている。

この木曽川堤駅は、その名の通り木曽川の築堤上に置かれている。駅の周囲に建物などは少ないが、東側には木曽川漁業協同組合の事務所が存在する。

木曽川を挟んで、木曽川堤駅と東笠松駅が置かれている地図である。木曽川堤駅の付近には「新堤」の地名が見える。この時期には北方村が存在しており、青塚神社付近に見える「文」の地図記号は北方中学校、北方小学校である。北方村は1955（昭和30）年に一宮市に編入され、現在は両校とも一宮市立となっている。

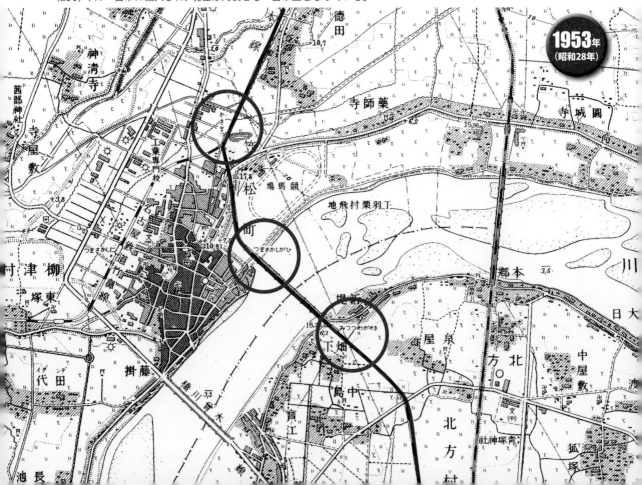

朝焼けの木曽川橋梁を渡る3880系。延長484.5mは名鉄最長の橋梁となっている。木曽川橋梁の岐阜県側に位置していた東笠松駅は利用旅客の減少により2005（平成17）年に廃止された。
◎木曽川堤〜東笠松　1982（昭和57）年1月　撮影：寺澤秀樹

轟音とともに5000系が木曽川橋梁を渡る。オリジナル装備の曲面ガラスが破損した車両は平面ガラスの組み合わせで修理
が行われた際に縦桟が入りスマートさが失われてしまった。◎木曽川堤〜東笠松　1982（昭和57）年1月　撮影：寺澤秀樹

7700系を先頭にした特急が木曽川堤駅を高速で通過する。名鉄特急の行先板は長らく黄色地に黒文字のデザインが続いていたが、7000系白帯車の登場を機に緑地に黒文字のデザインに変更された。この区間の架線柱は名岐鉄道が名古屋直通を実現するため、社運を賭けて建設した区間で、ガントリー構造であり、壮観な眺めである。近年コンクリートなどで建て替えられたものもあるのが残念である。◎木曽川堤　1982（昭和57）年1月　撮影：寺澤秀樹

名古屋本線の桜名所を行く7700系。7700系は白帯を外されて一般車に格下げ後は普通電車運用が主体となった
◎木曽川堤～笠松　2006（平成18）年4月6日　撮影：寺澤秀樹

名鉄名古屋本線等の時刻表

① 九年十月二十五日訂補　名岐鐵道名古屋線（電車）運　三等車ノミ　△印ハ連帯驛

驛名（賃金表）

- △柳橋、△押切町、△枇杷島橋、△西春、△岩倉、△淺野、△東一宮…… 20.9粁　29錢
- △柳橋、△押切町、△枇杷島橋、△西春、△岩倉、△石佛、△布袋…… 31.1粁　64錢
- △古知野、△柏森、△下野、△犬山口、△犬山、犬山橋、△新鵜沼
- △犬山口、△善師野、△愛岐、幉子、△春里、ライン遊園、△今渡、△廣見……15.0粁　36錢
- △柳橋、△押切町、△枇杷島橋、△須ケ口、△蒲目寺、△木田 ｝
- △勝幡、△新津島 ……18.3粁　38錢
- △丸之内、△清洲町 …… 1.0粁　4錢
- △岩倉、△中市場、△小木、△小針、△小牧 …… 5.1粁　11錢
- △一宮、△馬引、△尾張三條、△中島、△起 …… 5.3粁　12錢
- △柳橋、△押切町、△枇杷島橋、△西枇杷島、△須ケ口、△丸之内
- △西清洲、△大佐士、△國府宮、△新一宮、△西一宮、△開明、
- △奥町、△玉ノ井、△木曾川橋 ｝……27.9粁　44錢
- △蘓富、△佐屋、△日比野、△津島、△六輪、△丸淵、△上丸淵、
- △森上、△萩原、△刈安賀、△新一宮（尾張一宮） ｝……25.1粁　54錢
- 上飯田、瀨古、味鋺、味美、春日井口、春日井、牛山、間内、小牧口、新小牧
- 上好町、小牧原、味岡、久保一色、樂田、追分、羽黒、五郎丸、東犬山、△犬山 ……20.6粁　49錢
- 味鋺、勝川口、新勝川 …… 2.1粁　5錢

運轉時間

柳橋（名古屋）—東一宮	33分乃至43分ヲ要シ	柳橋発 6 00 ヨリ 10 30 マデ／東一宮発 5 58 ヨリ 10 42 マデ	20分毎ニ運轉
柳橋（名古屋）—新鵜沼	47分乃至60分ヲ要シ	柳橋発 6 00 ヨリ 10 30 マデ／新鵜沼発 6 08 ヨリ 10 28 マデ	約20分毎ニ運轉
犬山口—新廣見	40分ヲ要シ	新犬山口発 6 22 ヨリ 10 05 マデ／新廣見発 6 27 ヨリ 10 08 マデ	20分乃至40分毎ニ運轉
柳橋（名古屋）—新津島	40分ヲ要シ	柳新橋発 6 15 ヨリ 10 08 マデ／新津島発 5 51 ヨリ 10 08 マデ	約20分毎ニ運轉
丸之内—清洲町	3分ヲ要シ	丸之内発 6 22 ヨリ 10 47 マデ／清洲町発 6 36 ヨリ 10 41 マデ	
岩倉—小牧	8分ヲ要シ	岩倉発 6 10 ヨリ 10 33 マデ／小牧発 6 21 ヨリ 10 45 マデ	20分乃至
一宮—起	21分ヲ要シ	一宮発 6 30 ヨリ 10 30 マデ／起発 6 03 ヨリ 10 03 マデ	30分毎ニ運轉
柳橋（名古屋）—木曾川橋	48分乃至58分ヲ要シ	柳橋発 6 05 ヨリ 9 55 マデ／木曾川発 6 04 ヨリ 10 10 マデ	
蘓富—新一宮	51分ヲ要シ	蘓富発 6 31 ヨリ 9 20 マデ／新一宮発 6 12 ヨリ 9 00 マデ	約30分毎ニ運轉

上記ノ外
- 津島発新一宮行 5 27, 5 55, 6 28, 11 58, 1 58, 4 40, 6 40, 10 22
- 新一宮発津島行 5 39, 7 12, 9 42, 11 42, 2 12, 4 24, 6 24, 8 24, 9 36, 10 38 ｝ノモノ運轉
- 蘓富 発津島行 10 15　津島発蘓富行 6 13, 7 13

区間	所要	発時刻	運転間隔
上飯田—犬山	54分ヲ要シ	上犬山発 6 20 ヨリ 10 20 マデ／犬山発 6 12 ヨリ 10 12 マデ	30分乃至1時間毎ニ運轉
味鋺—新勝川	4分ヲ要シ	味鋺発 6 27 ヨリ 10 27 マデ／新勝川発 6 48 ヨリ 10 31 マデ	

【昭和9年10月25日訂補の時刻表】
名古屋市内のターミナルは柳橋で東一宮（現在は廃止）、新鵜沼、新津島へ直通している。押切町〜柳橋は名古屋市電に乗り入れている。翌、昭和10年4月に新一宮〜笠松間が開通し、押切町（戦後は西区役所が置かれた場所）〜新岐阜（現・名鉄岐阜）間で大型車800系による直通運転が始まった。

31.11.19 改正　豊橋—新岐阜—常滑—河和—豊川—弥富 電 運（名古屋鉄道）

名古屋本線

粁	賃	駅名	普通	急行	準急	準急	此間	準急	急行	特急	急行	普通	急行
0.0	円	豊橋 國発	…	美合516	536	美合628 700		…	2035	2104	2135	2147	2205
5.0	10	伊奈 〃	…	合542	542	706		…	2041	↓	2141	2153	2211
9.6	20	国府 〃	…	発547	547発	710		…	2046	↓	2146	2159	2216
29.8	70	東岡崎 〃	…	522	606	643 729		2033	2105	2130	2205	2227	2235
38.3	90	今村 〃	…	533	614	651 ↓		2042	2113	↓	2213	2238	2243
42.5	100	知立 〃	…	538	618	656 739		2046	2118	2140	2218	2243	2248
55.1	130	鳴海 〃	…	557	630	710 ↓		2100	↓	↓	2235	2305	2304
62.2	140	神宮前 國〃	527	612	641	720 800		2111	2141	2200	2241	2320	2311
64.1	140	金山橋 〃	530	615	644	724 804		2114	2144	2204	2244	2323	2314
68.0	150	新名古屋 國〃	536	622	650	730 810		2120	2150	2210	2250	2330	2320
69.9	150	栄生 〃	540	625	653	↓ ↓		2123	2153	↓	2253	2333	2323
80.9	170	国府宮 〃	601	650	706	↓ ↓		2139	↓	↓	2306	…	2336
86.3	190	新一宮 國〃	608	657	712	749 828		2144	2212	2228	2312	…	2342
91.2	190	新木曽川 〃	615	704	717	↓ ↓		2149	2217	↓	2317	…	…
95.2	200	笠松 〃	621	713	723	↓ ↓		2156	2222	↓	2322	…	…
99.8	210	新岐阜 國着	634	723	731	803 842		2202	2229	2242	2329	…	…

此間　豊橋発新岐阜行
特急 731. 800. 836. 903
1004—2004　60分毎
急行 604. 632. 716. 816
935. 1033. 1133. 1235
1335. 1435. 1535. 1635
1733. 1834. 1935

神宮前発新岐阜行
特急1031—1531　60分毎及び
1630. 1721. 1821. 2031
急行1011—1511　60分毎及び
1608. 1648. 1728. 1748
1848. 1928. 1948. 2131
2211
その他　準急・普通頻繁

【昭和31年11月19日改正の時刻表】
名古屋本線の豊橋〜新名古屋〜新岐阜は特急と急行がデイタイムそれぞれ60分間隔である。特急で豊橋〜新名古屋が64分（新名古屋で2分停車）、新名古屋〜新岐阜が32分であった。

2章
岐阜県区間
（笠松～名鉄岐阜）

雪晴れの中を行き交う7000系と3550系。この区間の風景は今でも大きな変化はないが、高架化の計画が発表されており、将来この下町的な風景が見られなくなることが予想される。◎加納～新岐阜　1982（昭和57）年1月　撮影：寺澤秀樹

笠松
かさまつ

開業 1914（大正3）年6月2日 **所在地** 岐阜県羽島郡笠松町西金地町1

　次の笠松駅は、笠松市の中心駅である。この笠松駅は1914（大正3）年6月、美濃電気軌道が笠松線の笠松口（初代）〜広江間を開通したときに始まる。1909（明治42）年11月に創立した美濃電気軌道は当初、岐阜市内の軌道線で路線を延ばしてきたが、このときに初めての郊外線として笠松線を開業した。この年12月、広江〜新岐阜間が延伸して岐阜市内中心部とも結ばれた。

　1914年に開業した初代笠松口駅は、現在地よりも南に位置していた。1916（大正5）年2月、笠松口駅から笠松駅（初代）に改称し、10月に東側に移転して二代目笠松駅となった。その後、竹鼻鉄道（現・名鉄竹鼻線）との接続のため、現在の西笠松駅がある場所に移転し、三代目笠松駅に。1935（昭和10）年4月、名岐鉄道名岐線（現・名古屋本線）の開通に伴い、現在地に新笠松駅（二代目）が開業する。1936（昭和11）年5月、この新笠松駅が四代目の笠松駅に改称。従来の笠松駅は西笠松駅となった。なお、この間、竹鼻鉄道が大正時代に仮駅の新笠松駅（初代）を設けていた時代があった。また、東側の区間に東笠松駅が存在したのは、先述の通りである。笠松駅は公営競馬の笠松競馬場の最寄り駅となっている。笠松競馬場は名馬・オグリキャップを生み出した競馬場として知られている。

　笠松駅は、竹鼻線との接続駅であり、快速特急、特急などが停車する。駅は島式、相対式ホームを組み合わせた3面の構造で、本線と竹鼻線が分岐する南側に駅舎（西口）、ロータリーが存在する。一方、東口は旧変電所の施設を流用したもので、笠松競馬場方面の玄関口となっている。

　笠松町は現在の人口約2万2000人。名鉄には笠松駅、西笠松駅が置かれているが、通過するJR東海道本線には駅が存在しない。古くは「傘町」と呼ばれ、江戸時代には木曽川舟運の港町とて栄えた。また、幕府の直轄地として、笠松陣屋が置かれていた。明治維新後は一時、笠松県が設置されていた。1889（明治22）年、笠松村が町制を施行して笠松町となった。現在、駅の西側を流れる境川が岐阜市との境界となっている。

1984（昭和59）年4月に改築された笠松駅の西口駅舎である。反対側の東口駅舎は6年後の1990（平成2）年10月に完成している。

モ809単行（1両）の急行新岐阜行き。竹鼻線からの直通電車である。◎笠松　撮影：清水　武

笠松を発車する7500系の普通新岐阜行き。左は竹鼻線でホーム上に「おちょぼ稲荷」（千代保稲荷神社）の鳥居がある。これは竹鼻線の終点大須が最寄り駅だったことによる。竹鼻線の江吉良～大須間は2001（平成13）年10月に廃止された。◎笠松　1964（昭和39）年5月5日　撮影：荻原二郎

木曽川を渡り岐阜県側最初の駅笠松。笠松競馬場の入口。駅前に1965（昭和40）年開催の第20回国民体育大会（岐阜国体）の塔がある。◎笠松　1964（昭和39）年5月5日　撮影：荻原二郎

800系4両（最後部はモ801）の普通新岐阜行き。800系は1935（昭和10）年に登場した当時の名岐鉄道の名車で、名古屋（当時は押切町）〜岐阜間で特急として運行された。登場時はクロスシート、両運転台。戦時中にロングシート化され戦後に一部を除き片運転台化された。◎笠松　1964（昭和39）年5月5日　撮影：荻原二郎

モ3903が先頭の3900系4両編成の普通鳴海行き。かつての特急車3900系もパノラマカー登場後は2ドアクロスシートのまま急行、普通に使用された。ちょうどゴールデンウイークで乗降客が多い。◎笠松　1964（昭和39）年5月5日　撮影：荻原二郎

3600系4両（最後部はク2604）の急行東岡崎、蒲郡行き（新安城で分割）。3600系は1941（昭和16）年にモ3350、ク2050として登場し、優美な外観で転換クロスシートであった。構内踏切があり、大きくカーブして木曽川鉄橋に向かう。
◎笠松　1965（昭和40）年7月23日　撮影：荻原二郎

3800系２両（最後部はモ3832）の普通新岐阜行き。前面
窓は高運転台化されている。塗装はイエローにスカーレッ
トの帯。右側の上りホームには一宮競輪、笠松競馬、大垣
競輪の開催日を知らせる看板がある。
◎笠松　1974（昭和49）年５月27日　撮影：荻原二郎

笠松を発車する3ドアロングシートの3550系2両（モ3559-ク2559）の準急新岐阜行き。1976（昭和51）年に6000系が登場するまで、名鉄は2ドア車が中心で3ドア車は珍しかった。◎笠松　1974（昭和49）年5月27日　撮影：荻原二郎

3番線から発車する7700系4両の内海行き。写真右の1番線は竹鼻線ホーム。竹鼻線は笠松～大須間が1929（昭和4）年4月に全線開通。2001（平成13）年10月に江吉良～大須間が廃止された。江吉良～岐阜羽島間は羽島線として1982（昭和57）年12月に開通した。◎笠松　1984（昭和59）年6月7日　撮影：安田就視

雪化粧の笠松を通過する7500系パノラマカーの特急「いなり号」豊川稲荷行き。パノラマカーを使用した愛称付き特急は座席指定で特急料金を必要とした。◎笠松　撮影：山田虎雄

5300系の急行新岐阜行き。5300系は国鉄分割民営化を控えた1986（昭和61）年、国鉄に対抗するため5000系、5200系の台車、機器を再利用し5700系と同様の車体を新製して登場。正面窓が大きく客室からの展望に配慮。2019年までに廃車された。◎笠松　1987（昭和62）年10月22日　撮影：荻原二郎

岐南 ぎなん

開業 1914（大正３）年６月２日　　**所在地** 岐阜県羽島郡岐南町下印食4-169

　次の岐南駅は現在、羽島郡岐南町における唯一の鉄道駅であるが、戦前には笠松駅側に八剣（やつるぎ）駅が存在した。この駅は1914（大正３）年６月に開業。1944（昭和19）年に休止、1969（昭和44）年に廃止された。駅名の由来は、現在の岐南町の一部となっている八剣村である。また、境川（現・岐南）〜笠松間に印食（いんじき）駅も存在した時期もあるが、1917（大正６）年２月に廃止されている。

　岐南駅は1914年６月、境川駅として開業し、駅名は駅周辺を流れる境川に由来していた。この旧駅は現在地より約150メートル北にあり、ホームも短く２両分しかなかった。1980（昭和55）年９月、現在地に移転して、岐南駅と改称した。現在の駅の構造は、相対式ホーム２面２線をもつ地上駅で、ホームの長さは６両編成に対応している。快速特急、特急などは通過し、普通のみが停車する。駅の南側では、岐大バイパスが名鉄本線とほぼ垂直に交差している。

　この岐南駅のある岐南町は、1956（昭和31）年９月に八剣村と下羽栗村が合併して岐南村が誕生し、同年10月に町制を施行して岐南町となった。現在の人口は約２万5000人である。この岐南町にも、JR東海道本線の駅は設置されていない。

この岐南駅には、下り線（新岐阜方面）にのみ駅舎が設けられている。上り線（名鉄名古屋方面）とは地下道で結ばれている。

特別整備が実施された7500系。7000系と同様、前面の行先・種別表示が電動幕化された。
◎岐南〜茶所　1988（昭和63）年10月　撮影：寺澤秀樹

茶所
ちゃじょ

開業 1914（大正3）年6月2日　　**所在地** 岐阜県岐阜市加納八幡町28

　岐南町内を北上してきた名鉄本線だが、すでに線路のすぐ西側は岐阜市となっている。間もなく境川を渡って岐阜市内に入って、最初の駅が茶所（ちゃじょ）駅となる。この茶所駅の南側には、茶所検車支区が存在している。

　茶所駅の所在地は岐阜市加納八幡町で、隣駅の加納駅との距離はわずか0.4キロと名鉄の中でも最短である。このあたりは江戸時代、中山道と伊勢道が分岐する加納宿があった場所で、この街道の分岐点では、鏡岩濱之助という親子二代の力士が旅人に茶をふるまったことから、「茶所」という地名が生まれたとされる。現在、茶所駅のそばには、鏡岩の碑が残されている。

　この茶所駅は、1914（大正3）年6月、上川手駅として開業したが、同年12月に茶所駅と改称した。1956（昭和31）年12月、茶所検車区（現・支区）が開設されている。現在の駅の構造は、相対式ホーム2面2線をもつ地上駅で、駅舎は上下線にそれぞれ設けられている。快速特急、特急などは通過し、普通のみが停車する。名鉄では、名鉄岐阜駅からこの茶所駅までの境川橋梁を含む区間を連続立体交差化し、茶所駅と加納駅を統合することを計画中である。

茶所駅の上り線（名鉄名古屋方面）の駅舎である。相対式2面2線のホームは、2006（平成18）年にかさ上げ工事が行われた。

新製配置されたピカピカの5500系6両編成。塗装は当時の特急色であるライトピンクとダークマルーン。5500系は料金不要の一般列車ではわが国初の冷房車で注目された。◎茶所検車区　1959（昭和34）年3月25日　撮影：野口昭雄

加納 かのう

開業 1914（大正3）年6月2日　**所在地** 岐阜県岐阜市竜田町9-3-1

この加納駅が置かれているのは、茶所駅の項でも紹介した中山道と伊勢道が分岐する加納宿があった場所である。江戸時代の加納は、中山道53番目の宿場であるとともに、加納城があり、加納藩の城下町でもあった。奥平家、安藤家、永井家などが治めた加納藩は当初は10万石、幕末には3万2000石で、和傘の生産が盛んだった。加納城の跡地は明治維新後、加納県の県庁、岐阜県師範学校、陸軍の第51航空師団司令部などが置かれ、戦後は自衛隊の駐屯地となった後、加納公園として整備され、1983（昭和58）年に国の史跡・加納城跡に指定されている。加納城跡は駅の南西、加納小学校と加納中学校に挟まれる形で広がっている。また、加納駅の西側、加納桜道2丁目にある加納宿の本陣跡には、ここに宿泊した皇女和宮の歌碑が残されている。

初代加納駅は、美濃電気鉄道が笠松線の広江〜笠松口間を開通した1914（大正3）年の12月26日、新岐阜〜広江間に開業し、昭和17年4月以前（日時不明）に廃止された。

現在の加納駅は開通時の1914（大正3）年6月2日に茶所〜広江間に安良田町として開業されたが昭和19年休止となり、1958（昭和33）年1月10日二代目加納駅として復活した。

現在の駅の構造は島式ホーム1面2線の地上駅で、快速特急、特急などは通過し、普通のみが停車する。なお、加納駅については、明治期に官設鉄道（現・東海道本線）の駅として短期間存在したものがある（現在の岐阜駅の前身）。また、広江駅は1914年6月、美濃電気鉄道笠松線の始発駅として開業し、同年12月に新岐阜（現・名鉄岐阜）駅まで延伸し、途中駅となった。その後、現在の加納駅が営業を再開したため、1968（昭和43）年1月に廃止された。

加納駅は島式ホーム1面2線の地上駅で、駅舎とホームは構内踏切で結ばれている。安良田町駅が太平洋戦争中に休止となり、1958（昭和33）年1月に加納駅として営業再開した。

名309

7500系が雪晴れの岐阜市内を行く。雪は普段の何気ない風景を美しい装いに変えてくれた。
◎加納〜新岐阜　1982（昭和57）年1月　撮影：寺澤秀樹

名鉄岐阜

めいてつぎふ

開業 1914（大正3）年12月26日　**所在地** 岐阜県岐阜市神田町9-1

　大きな地図を見てみると、JR東海道本線や名鉄名古屋本線は、清洲・稲沢付近から北に向かい、岐阜駅・名鉄岐阜駅に至っていることがわかる。一方、東海道新幹線や名神高速道路は名古屋に近い清洲・稲沢付近から西寄に走って、岐阜羽島駅・岐阜羽島インターチェンジを経由してゆくことがわかる。このうち、名鉄線をのぞく3線のルートが再び出合うのは関ヶ原付近である。

　さて、名古屋本線は名鉄岐阜駅が起終点駅であるから、東西を結ぶルートの一部とみるよりも、名古屋・岐阜間を結ぶ鉄道という意味合いが強い。しかし、名鉄にはほかにも各務原線、犬山線などが存在し、かつては岐阜市内線なども存在した。こうした支線との連絡、接続を行ってきた歴史から、現在の名鉄岐阜（旧・新岐阜）駅の存在を見てゆく必要があるだろう。また、国鉄（現・JR）岐阜駅の移転も、連絡駅としての新岐阜駅の位置に大きな影響を及ぼしてきた。明治期の岐阜駅は一時、現在の名鉄岐阜駅付近に存在した。

　明治から大正にかけて、岐阜県内で鉄道路線を延ばしていった美濃電気軌道は、1909（明治42）年11月、岐阜市の箕浦宗吉ら52人の資本家によって設立された。最初に開いたのは岐阜停車場前（岐阜駅前駅）〜今小町間の市内線（軌道線）で、1911（明治44）年2月に開業している。このときに誕生した岐阜駅前停留場は1913（大正2）年8月、国鉄岐阜駅の移転に伴って場所を変えることになり、元の場所には長住町停留場となった。その後、1914（大正3）年6月には初の郊外線（鉄道線）として、現在の名古屋本線の一部となる笠松線の広江〜笠松口間を開通した。同年12月、当時の笠松線が広江〜新岐阜間の延伸を行い、初代の新岐阜駅が誕生している。このとき、東海道本線の南側から延びてきた笠松線は、国鉄駅の東側で線路を越えて北側の新岐阜駅に向かう形となる。これは当時の岐阜市内の中心地が長良川・岐阜城に近い北側にあり、岐阜駅が南側に位置していたことによる。当時、新岐阜駅構内の2番線は市内線の軌道とつながっていた。

　1928（昭和3）年12月、各務原鉄道（現・名鉄各務原線）が延伸し、こちらも長住町駅を設けている。1930（昭和5）年8月、美濃電気軌道は名古屋鉄道（名岐鉄道）と合併し、新岐阜駅は名古屋鉄道名岐線の駅となった。1935（昭和10）年3月、各務原鉄道

が名岐鉄道（名古屋鉄道）と合併し、長住町駅が統合された。太平洋戦争後の1948（昭和23）年4月、新岐阜駅は長住町駅付近に移転したことで、長住町駅と統合されて、二代目新岐阜駅が誕生した。1957（昭和32）年3月には駅舎が改築。2005（平成17）年、駅名を改称して現在のような名鉄岐阜駅となった。

　現在の岐阜市は、人口約40万人。岐阜県の県庁所在地である。この地は「井ノ口」と呼ばれてきたが、天下統一を目指した織田信長が中国の故事から二字を選んで「岐阜」と名付けたとされる。長良川に面した金華山の麓に位置し、城下町として出発した北部の岐阜町と、中山道の宿場町として栄えた南部の加納町が市街地の中心となっている。1889（明治22）年、岐阜町と今泉村などが合併して市制を施行し、岐阜市が誕生した。金華山の山頂には斎藤道三、織田信長らが居城とした岐阜城（稲葉山城）跡があり、鵜飼で有名な長良川とともに、岐阜市を代表する観光名所となっている。また、山麓の岐阜公園には全国有数の昆虫博物館として知られる名和昆虫博物館が存在する。江戸時代から、岐阜提灯、岐阜和傘、岐阜うちわが岐阜の名産品として、全国各地で重宝されてきた。

2007（平成19）年7月、新岐阜ビルの跡地に誕生した近代的な名鉄岐阜駅の駅舎。名古屋本線は築堤高架部分、各務原線は地平部分に乗り場が設けられている。

名古屋本線の路線図が示されている名鉄岐阜駅の駅名看板。美濃電気軌道の開業以来、既に1世紀以上利用されてきた歴史ある駅である。

5200系4両の急行豊橋行き。5200系は5000系の増備として1957年に登場。性能的には5000系と同じだが2両固定、側面下降窓、正面貫通ドア付きで登場。前面は2年後に登場した5500系と同じだが非冷房のままであった。
◎新岐阜　1958（昭和33）年10月7日　撮影：野口昭雄

頭端式の新岐阜駅に停車中の3550系2両（モ3558-ク2558）の普通美合行き。新岐阜は2005（平成17）年1月29日、空港線開通時のダイヤ改正にあわせて名鉄岐阜に改称された。◎新岐阜　1967（昭和42）年9月5日　撮影：荻原二郎

登場後間もない6000系の普通太田川行き（左）と5500系
の急行豊橋行き。大衆冷房車5500系も中部国際空港への
空港線開業の2005（平成17）年1月改正で運用が終了して
廃車された。ホーム上に座席指定特急券売り場が見える。
◎新岐阜　1983（昭和58）年11月14日　撮影：荻原二郎

もと三河鉄道の300形（301）のモ3000形3001を先頭にした普通列車豊明行き。このモ3001は1966（昭和41）年に廃車され、台車、機器を3730系に転用し、車体だけ福井鉄道に譲渡し同社モハ151となり、後にクハ121となった。後部2両はＨＬ車3700系。◎1965（昭和40）年2月　撮影：清水 武

新岐阜駅3番線に停車中の850系。後ろの2両はベースが同じ800系なので窓の形が揃っている。まだAL車が多数活躍していた時代であったが、このような整った編成にはなかなかお目にかかれなかった。
◎新岐阜　1981（昭和56）年3月18日　撮影：寺澤秀樹

頭端式（行き止り式）の新岐阜に停車中のパノラマカー7000系の特急蒲郡行き。構内踏切のある駅での前面見通しをよくするため運転台のすぐ下にフロントアイが取りつけられている。◎新岐阜　1973（昭和48）年4月4日　撮影：阿部一紀

夕暮れの新岐阜駅で発車を待つ流線形850系2両編成（モハ850-ク2350）の準急常滑行き。車内はロングシートで塗色はスカーレット化されている。◎新岐阜　1977（昭和55）年9月22日　撮影：長渡 朗

前面の種別・行先表示が自動化されていない車両は終着駅に到着すると線路に降りた係員が整備を行う。終着駅で見られた
パノラマカーならではの光景。◎新岐阜　1982（昭和57）年6月　撮影：寺澤秀樹

この頃の名岐間のシェアは名鉄が国鉄を圧倒していた。朝夕のラッシュ時間帯は人の動き活発だったが、乗客の少ない昼下
がりは長閑な時間が流れていた。◎新岐阜　1982（昭和57）年6月　撮影：寺澤秀樹

新岐阜駅3番線に停車中のモ801。前照灯のシールドビーム2灯化、貫通ドアのプレスドア化などの小変化が生じて間もない
頃の姿。◎新岐阜　1981（昭和56）年２月18日　撮影：寺澤秀樹

1982（昭和57）年頃の名古屋本線の新岐阜駅ホーム。7000系が停車している１・２番線は８両対応でおもに名古屋本線の優
等列車、800系と3700系が停車している３・４番線は４両対応で主に名古屋本線の普通電車・竹鼻線直通の電車が発着して
いた。３・４番線は1988（昭和63）年に８両対応に改良され、運用効率が向上した。
◎新岐阜　1982（昭和57）年６月　撮影：寺澤秀樹

1952年
（昭和27年）

【岐阜駅周辺】
1952（昭和27）年5月の岐阜駅付近の空撮写真。名鉄の名古屋本線は右上（東）で国鉄の東海道本線を越え、左上の長住町付近に誕生した二代目の新岐阜（現・名鉄岐阜）駅に至っている。一方、美濃電気軌道の笠松線時代から存在した初代の新岐阜駅は、1948（昭和23）年4月の移転前までは、左に大きくカーブして到達する岐阜駅の駅前付近に置かれていた。駅前広場の左側には名鉄岐阜市内線の電車が見える。◎1952（昭和27）年5月13日　提供：朝日新聞社

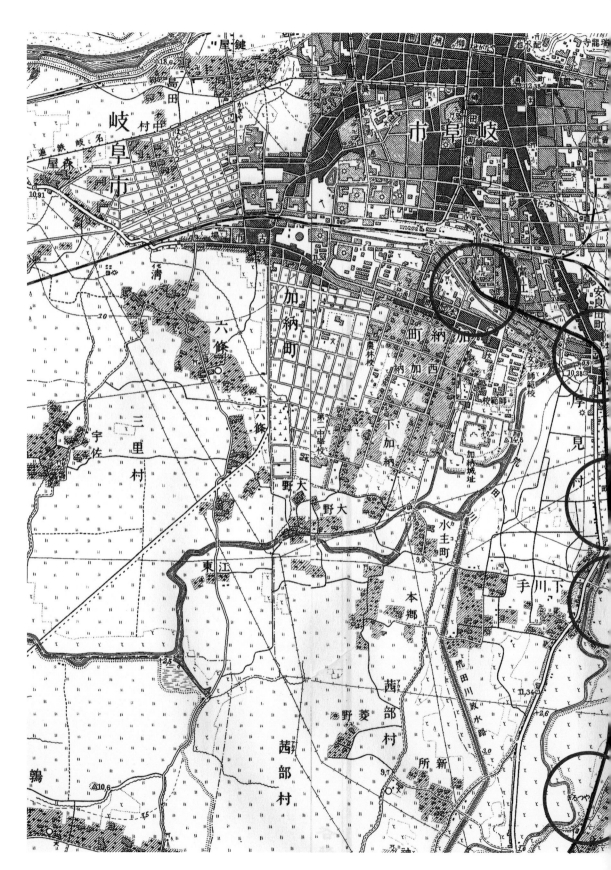

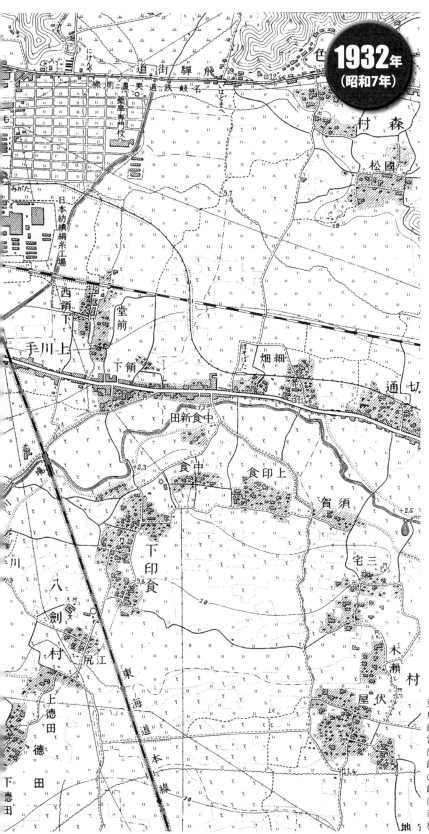

東海道本線と高山本線が分岐する岐阜駅が中央やや上に置かれており、岐阜市内に路線を広げていった美濃電気軌道から発展した名岐鉄道には、本線となった名岐線とともに、岐阜市内線、美濃町線、鏡島線などの路線が見える。この当時、北側は岐阜市であり、南側にあった加納町はこの後、1940（昭和15）年に岐阜市に編入される。さらに南には三里村、厚見村などが存在した。

生田 誠（いくた まこと）

1957（昭和32）年、京都市東山区生まれ。
東京大学文学部美術史学専修課程修了。産経新聞社東京本社、大阪本社の文化部
ほかに勤務。現在は地域史・絵葉書研究家として、内外の絵葉書の収集・研究および
地域資料の発掘、アーカイブ構築などを行う。河出書房新社、集英社、彩流社、
アルファベータブックス、フォト・パブリッシング等から著書多数。

【写真解説】

寺澤秀樹、山田 亮

【写真撮影者】

阿部一紀、荻原二郎、清水 武、寺澤秀樹、長渡 朗、野口昭雄、安田就視、山田虎雄、
朝日新聞社

【絵葉書・沿線案内図提供】

生田 誠

【現在の駅舎撮影】

斎藤智子（フォト・パブリッシング）

名鉄名古屋本線
下巻（金山〜名鉄岐阜）
1960年代〜90年代の思い出アルバム

発行日 ·················· 2020年5月10日　第1刷　　※定価はカバーに表示してあります。

著者 ······················ 生田 誠
発行者 ···················· 春日俊一
発行所 ···················· 株式会社アルファベータブックス
　　　　　　　　　　　　〒102-0072　東京都千代田区飯田橋2-14-5 定谷ビル
　　　　　　　　　　　　TEL. 03-3239-1850　FAX.03-3239-1851
　　　　　　　　　　　　http://ab-books.hondana.jp/

編集協力 ················· 株式会社フォト・パブリッシング
デザイン・DTP ········· 柏倉栄治
印刷・製本 ·············· モリモト印刷株式会社